LE CORDON BLEU

TÉCNICAS CULINARIAS

FRUTAS Y POSTRES

Le Cordon Bleu

TÉCNICAS CULINARIAS

FRUTAS
Y POSTRES

Jeni Wright y Eric Treuillé

BLUME

BLUME

Título original:
*Le Cordon Bleu Techniques and Recipes:
Fruit & Desserts*

Traducción:
Rosa Cano Camarasa

Revisión técnica de la edición en lengua española:
Ana M.ª Pérez Martínez
Especialista en temas culinarios

Coordinación de la edición en lengua española:
Cristina Rodríguez Fischer

Primera edición en lengua española 1999

*(Obra completa: Le Cordon Bleu - Guía Completa
de las Técnicas Culinarias)*

© 1999 Art Blume, S. L.
Av. Mare de Déu de Lorda, 20
08034 Barcelona
Tel. 93 205 40 00 Fax 93 205 14 41
E-mail: info@blume.net
© 1996 Carroll & Brown Limited/Le Cordon Bleu BV

I.S.B.N.: 84-89396-29-9
Depósito legal: B. 26.159-1999
Impreso en Edigraf, S. A., Montmeló (Barcelona)

CONSULTE EL CATÁLOGO DE PUBLICACIONES *ON-LINE*
INTERNET: HTTP://WWW.BLUME.NET

CONTENIDO

·

ELEGIR LA FRUTA

Si es posible, elija la fruta usted mismo; de esta forma, podrá comprobar el producto y, en el caso de algunas frutas como las uvas y las cerezas, probarlas primero. La fruta no ha de tener señales de golpes ni moho, ni ha de tener aspecto húmedo ni oler a humedad. La fruta madura se estropea rápidamente, por lo tanto hay que tocarla lo menos posible y sólo hay que comprar la cantidad que se vaya a consumir en unos pocos días.

LA CORTEZA DEL MELÓN no ha de tener manchas ni golpes y el melón ha de notarse pesado con respecto a su tamaño

MELONES

Los melones moscados, de invierno y los cantalupos, así como las sandías, es mejor comprarlos durante su temporada para que estén bien frescos. Escoja los que resulten pesados, cedan ligeramente al presionarles los extremos y tengan un olor fragante y aromático.

LAS MANZANAS han de tener un olor dulzón, la carne fuerte y la piel brillante

LOS LIMONES han de tener la piel lisa y brillante, un color uniforme y notarse pesados

FRUTAS DURAS

Las manzanas y las peras han de tener la piel lisa y brillante, una buena intensidad de color, aunque la uniformidad del mismo depende de la variedad; además, no han de tener manchas. La pulpa ha de estar fuerte y sin señales de golpes. Cuando compre peras, escójalas verdes, envuélvalas en una bolsa de papel y deje que maduren a temperatura ambiente.

FRUTAS CON HUESO

La piel de los melocotones, las nectarinas, las ciruelas, las cerezas y los albaricoques ha de ser firme pero no dura. Cuando estas frutas están totalmente maduras, la pulpa cede un poco al presionarlas ligeramente. Escoja frutas llenas, redondas, con la hendidura bien marcada y pesadas. La piel aterciopelada no debe estar golpeada o cortada.

LOS ARÁNDANOS han de estar llenos y tener un color azul grisáceo; deben ser firmes al tacto, no blandos

LA PIEL DE LA NECTARINA ha de ser lisa, dorada rojiza y con un ligero brillo; no coja las que estén muy duras y verdes. Han de desprender una fuerte fragancia. Para saber si están maduras, apriete suavemente la hendidura

LOS KUMQUATS han de estar llenos y fuertes y tener una piel naranja y brillante. No elija los que estén arrugados o blandos

LAS CEREZAS han de tener una piel lisa y brillante y ser bien redondeadas y llenas. Los tallos han de ser verdes

LOS FRESONES han de estar bien formados, brillantes y bien rojos. El cáliz ha de ser verde y tener un aspecto fresco

CÍTRICOS

Escoja los cítricos —limones, limas, naranjas, kumquats, pomelos, satsumas y clementinas— llenos, firmes y jugosos. La piel ha de tener un color uniforme y un aspecto brillante, casi húmedo. La fruta no ha de estar manchada ni arrugada y la piel no ha de estar rota. En general, cuanto más lisa sea la piel, más fina será.

BAYAS

Escoja moras, arándanos, fresas, frambuesas y moras logan llenas y que huelan bien. Antes de comprarlas cerciórese de que el cesto está limpio y no manchado o mojado, señal de que la fruta inferior puede estar estropeada. Manipule la fruta lo menos posible, solamente cuando sea necesario, de lo contrario se estropea.

7

FRUTAS DURAS

Hay pocas frutas más versátiles que las peras y las manzanas. Tanto unas como otras son excelentes para comerlas crudas y combinan bien con quesos, especialmente el Cheddar con manzana y el Gorgonzola con pera. Con ellas se hacen tartas caseras o elegantes postres y también se pueden guisar con carnes, aves y caza.

ELEGIR LAS MANZANAS

Escoja manzanas fuertes y sin manchas, que tengan un olor suave y su piel estirada e intacta. Las manzanas son duras incluso cuando están maduras.

BRAMLEY'S SEEDLING: utilice esta variedad sólo para cocinar. Es buena para empanadas, salsas y purés.

COX'S ORANGE PIPPIN: manzana de postre de olor aromático. También para hornear.

DISCOVERY: manzana de postre fuerte y de olor suave.

GOLDEN DELICIOUS: manzana multiusos. La variedad de piel amarilla es la mejor para comer cruda.

GRANNY SMITH'S: buena manzana para comer cruda. También queda bien horneada y guisada.

ELEGIR PERAS

Compre peras verdes y madúrelas a temperatura ambiente; una vez maduras hay que comerlas inmediatamente.

COMICE: pera dulce, grande y redonda que se vuelve amarilla al madurar. Mejor para comer cruda.

CONFERENCE: pera larga y curvada con un buen sabor dulce cuando está madura. Queda muy bien escalfada.

PACKHAM'S: pera dulce de color verde pálido que se vuelve amarilla al madurar. Para comer cruda.

RED BARTLETT: pera rosada de pulpa dulce. Para comer cruda.

WILLIAMS: pera con manchas amarillas. Se puede comer cruda o cocida.

PELARLAS

Pele la fruta con un mondador o con un cuchillo pequeño antes de consumirla para que no se decolore. Se puede pelar de varias formas —en espiral como aquí, o se puede quitar un poco de piel de la parte superior y de la base y pelar el resto verticalmente.

DE FORMA SENCILLA
Quítele el corazón a la manzana y pélela en círculos desde arriba hasta abajo.

DE FORMA DECORATIVA
Utilice un acanalador para pelar una sola tira muy fina en espiral desde el tallo hasta la base.

DESCORAZONAR LA FRUTA

La mejor forma de quitar el corazón entero a las manzanas y las peras consiste en utilizar un descorazonador de frutas, o con un mondador. Para obtener bolas de las frutas partidas por la mitad, lo más útil es un vaciador para bolas de melón. Quite el corazón de las frutas peladas o sin pelar, según su utilización.

DESCORAZONADOR
Introduzca el descorazonador por el tallo de la manzana hasta llegar a la base. Gírelo para soltar el corazón y sáquelo.

MONDADOR DE HORTALIZAS
Inserte la parte puntiaguda del mondador en la base de la pera y gírelo para que corte alrededor del corazón. Sáquelo con cuidado.

VACIADOR PARA HACER BOLAS DE MELÓN
Sujete con fuerza la mitad de una fruta y saque el corazón y las semillas con una cuchara.

CORTAR PERAS Y MANZANAS

Las frutas duras se pueden cortar como se desee, pero para las presentaciones clásicas de tartas y repostería o de las frutas escalfadas, se han de aprender técnicas de corte especiales. A continuación, explicamos las tres formas más comunes, además de un método fácil para trocearlas con el que se consiguen limpios dados de frutas sin apenas desperdicios.

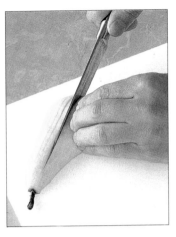

ANILLOS DE MANZANA
Descorazone y pele la manzana entera. Apóyela en uno de sus lados y córtela en rodajas.

ABANICOS DE PERA
Pele la pera, pártala por la mitad y quítele el corazón, pero deje el pecíolo intacto. Córtela desde el tallo hasta la base. Separe las rodajas para que formen un abanico.

MEDIAS LUNAS DE MANZANA
Descorazone y pele la manzana entera. Córtela longitudinalmente por la mitad. Ponga cada mitad con la parte cortada hacia abajo y córtelas transversalmente en medias lunas.

TROCEADAS
Haga anillos gruesos de manzana (*véase* izquierda) y amontónelos. Sujete los anillos y córtelos y después corte esas rodajas para obtener dados.

TRUCOS DE COCINERO

EVITAR QUE LA FRUTA SE DECOLORE

La pulpa de la manzana y de la pera pierde rápidamente el color oxidándose cuando está expuesta al aire; para evitarlo, en cuanto las pele o las corte, rocíelas con un líquido ácido que contrarreste la acción del aire. En este ejemplo, pincele la fruta con el zumo de un cítrico pero, si lo prefiere, puede restregar la superficie expuesta con un cítrico partido por la mitad. Consuma las manzanas y las peras inmediatamente después de prepararlas, utilizando preferiblemente utensilios de acero inoxidable.

Exprima el zumo de un limón, lima o naranja, sumerja el pincel en el zumo y después pinte la superficie de la fruta en cuanto esté expuesta al aire.

RUIBARBO

El ruibarbo que se compra a principios de temporada es muy tierno y no necesita mucha preparación, pero el más tardío es de un color oscuro y tiene una carne más fibrosa que se ha de pelar. Si todavía tiene las hojas, ha de cortarlas y tirarlas porque son venenosas. El ruibarbo nunca se come crudo porque es demasiado duro y áspero. Siempre se cocina con mucho azúcar o con otras frutas.

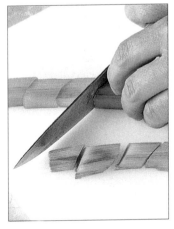

1 Corte las hojas y tírelas. Con un mondador, pele la piel del ruibarbo en tiras largas. Corte la base de los tallos.

2 Con un cuchillo de cocinero, corte el ruibarbo diagonalmente en sentido transversal en trozos regulares. El ruibarbo ya está listo para cocinarlo.

PIÑA

Esta atractiva fruta se puede preparar de muchas maneras: se puede vaciar para obtener un contenedor y la pulpa se puede sacar, descorazonar y cortar en rodajas, en anillos o en trozos. Se puede servir cruda o cocida, como postre o como guarnición fragante de carnes, especialmente cerdo y pato.

PIÑAS MINIATURA

Las piñas pequeñas quedan muy bien como recipientes individuales para servir ensalada de frutas y helado, como vemos en la fotografía.

Para servir piñas miniatura enteras con su copete de hojas no tiene más que seguir los pasos 1-4, derecha. Llene con piña troceada mezclada con bayas de verano y rodajas de manzana o de naranja. La fruta se puede macerar en kirsch, ron blanco o almíbar.

Para servir sólo la mitad, córtela longitudinalmente por la mitad, quite el corazón leñoso del centro y ponga sobre la piña una bola de helado. Sírvala inmediatamente.

PREPARAR UN CONTENEDOR

La corteza de la piña queda impresionante como un contenedor natural que se puede llenar de trozos de piña mezclados con otras frutas o helados. Sacar la pulpa de una sola pieza según la técnica que explicamos a continuación permite obtener anillos perfectos. Para sacar el corazón de las rodajas, véase página siguiente.

1 Ponga la piña apoyada sobre un lado en una tabla. Con un cuchillo de cocinero, corte el copete de hojas y resérvelo para servir.

2 Corte entre la pulpa y la piel para desprender la pulpa y dejar una pared de corteza resistente.

3 Déle la vuelta a la piña y córtele la base para nivelarla y para desprender la pulpa.

4 Coja la piña con una mano. Pinche un tenedor en la pulpa y sáquela en una sola pieza. Para servir la pulpa de la piña en su contenedor, córtela a cuartos, quítele el corazón (*véase* página siguiente) y trocéela.

PELAR LA PIÑA

Cuando no se necesita la corteza para servir ni hay que hacer anillos perfectos (véase página anterior), la forma más rápida de llegar a la pulpa consiste en pelar la fruta entera. Después de cortar y descorazonar la fruta, la pulpa se puede trocear o cortar a dados.

1 Corte el copete de hojas y la base de la piña. Ponga la fruta de pie y corte la piel de arriba a abajo con un cuchillo de cocinero.

2 Con un cuchillo pequeño, saque los pinchos u ojos que pueden haber quedado en la pulpa. Corte la fruta transversalmente con un cuchillo de cocinero.

DESCORAZONAR

Ponga cada rodaja de piña sobre una tabla y saque el corazón con un pequeño cortador.

ANILLOS DIFERENTES

Los anillos de piña se pueden asar al grill o saltear con los aromatizantes de su elección.

Si desea conseguir un sabor caribeño, utilice coco rallado tostado, ron, zumo de naranja fresco, canela o clavo. Para un sabor oriental, utilice anís estrellado o lima rallada.

CORTAR BARQUITAS

Una forma atractiva de servir los trozos de piña consiste en cortarla en zigzag, como en la fotografía. Otra forma, que utiliza la cocina francesa clásica, consiste en separar la pulpa de la piel y dejar el corazón intacto.

1 Corte longitudinalmente la piña a cuartos, incluido el copete de hojas. Quite el corazón de cada trozo.

2 Empezando por el extremo del copete, separe la pulpa de la piel, cortando con un movimiento de sierra.

3 Corte la pulpa transversalmente en trozos iguales. Separe los trozos de la piel uno en una dirección y el siguiente en otra, cambiando cada vez de dirección.

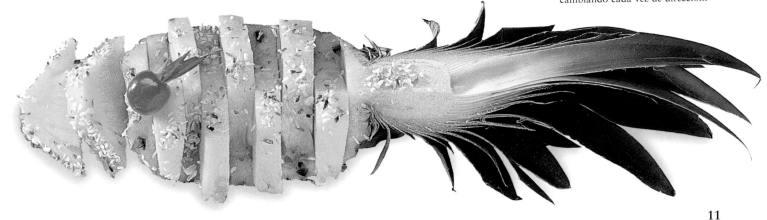

FRUTAS CON HUESO

Muchos platos dulces y una gran variedad de salados deben su sabor característico y su aspecto a las deliciosas frutas con hueso aromáticas y llenas de color. Antes de utilizarlas, hay que quitarles el hueso; esta técnica es sencilla pero hay que hacerla correctamente si quiere que la fruta conserve su forma. La piel fina se puede dejar o quitar antes de utilizar la fruta.

EXTRAER EL SABOR DE LAS ALMENDRAS

La pequeña semilla del hueso de albaricoque sabe a almendras. Los albaricoques y las almendras quedan bien juntos, por lo tanto, puede añadir la semilla a las mermeladas o utilizarla para condimentar licores de albaricoque.

Ponga una tabla sobre un lienzo para que no se mueva. Ponga el hueso sobre la tabla y ábralo con un martillo pequeño. Blanquee la almendra durante 1 minuto y después enfríela en agua fría. Séquela. Córtela en tiritas o píquela.

PRIMERO LA SEGURIDAD

No utilice las almendras de ninguna fruta con hueso a excepción de la del albaricoque. Contienen un ácido tóxico y hay que tirarlas en cuanto se sacan de la fruta.

DESHUESAR

A veces, al deshuesar albaricoques, melocotones, ciruelas y nectarinas, parte de la pulpa se queda pegada al hueso, incluso aunque la fruta esté muy madura. La técnica que mostramos a continuación ayuda a solventar este problema. Si la fruta no se pela hasta después de haberla deshuesado es más fácil sujetarla.

1 Con un cuchillo pequeño, corte alrededor de la fruta hasta el hueso siguiendo la hendidura.

2 Sujete la fruta cortada y mueva las dos mitades en direcciones opuestas para que se vea el hueso.

3 Separe el hueso con la punta del cuchillo y sáquelo con los dedos.

PELAR

La piel de las frutas con hueso cuesta mucho de pelar. La forma más fácil consiste en blanquear primero las frutas en agua hirviendo, pero hay que tener cuidado de no cocerlas, especialmente si están muy maduras. Con un cuchillo, haga un corte en forma de cruz en la base de cada fruta. Ponga una olla con agua a hervir e introduzca la fruta con una espumadera. Calcule 10 segundos para una fruta muy madura y hasta 20 para una más verde, justo hasta que la piel empiece a abarquillarse.

1 Después de haber introducido la fruta en agua hirviendo, pásela con una espumadera a un cuenco con agua helada, para evitar que el calor penetre en la pulpa.

2 Con cuidado y con la punta de un cuchillo pequeño, separe la piel del extremo del pecíolo y pele la fruta.

DESHUESAR CEREZAS

*Una forma muy sencilla consiste
en utilizar un deshuesador.
La púa presiona el hueso a través
de la pulpa y lo saca sin que la
fruta pierda su forma
conservando su delicioso jugo.
También puede utilizar un
mondador de hortalizas
puntiagudo —introdúzcalo por el
extremo del tallo, rótelo alrededor
del hueso y saque éste.*

Quite el tallo y tírelo. Ponga la
cereza con la parte del tallo hacia
arriba en la cavidad del
deshuesador. Sujete bien la fruta y
apriete las asas del deshuesador
hasta que salga el hueso.

Esta técnica también se puede
utilizar para deshuesar aceitunas
—el agujero que queda tras
deshuesarlas se puede rellenar.

EMPLEAR EL MANGO

El mango se puede comer solo o añadir
a platos dulces o salados. Su sabor
queda especialmente bien con alimentos
ahumados y salados y tiene un efecto
refrescante en los ingredientes
especiados.

- Para un primer plato refrescante, sirva
rodajas de mango con carnes
ahumadas o pescado con un aliño de
hierbas.
- Utilice puré de mango maduro como
base de *mousses*, sorbetes o mézclelo
con un poco de licor de frambuesa y
utilícelo como salsa para postres.
- Añádalo a una ensalada de fruta
tropical y sírvala con *crème frâiche*
condimentada con un poco
de coco.
- Agregue mango a una salsa de
pimiento rojo o chile para que
no pique tanto.
- Para obtener una salsa penetrante,
mezcle mango troceado con cebolla
roja, aguacate y zumo de lima. Sírvala
con pescado asado o con fajitas.
- El mango verde es excelente para
chutneys y encurtidos.

CORTAR UN MANGO A DADOS

*Como la pulpa fibrosa del mango se queda pegada al hueso, resulta difícil quitarlo. La técnica que
mostramos a continuación, conocida comúnmente como del «erizo», separa la mayor parte de la pulpa
del hueso cortando por ambos lados del mismo; los trozos que quedan se trocean por separado.*

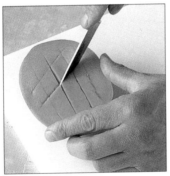

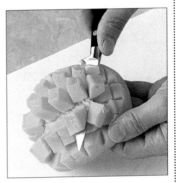

1 Corte la fruta en trozos
longitudinales a ambos lados del
hueso plano y lo más cerca posible
del mismo.

2 Haga una cuadrícula entallando
la carne hasta la piel pero sin
llegar a atravesarla.

3 Con los pulgares abarquille la
piel doblándola hacia fuera.
Corte los dados con un cuchillo
pequeño. Haga lo mismo con el
otro trozo.

CORTAR UN MANGO A RODAJAS

*La forma más fácil de cortar un
mango en rodajas es pelándolo
primero con un cuchillo de
mondar. Este sistema es más
apropiado para la fruta que sólo
está un poco madura; si está muy
madura, es difícil de agarrar
porque puede resbalar y
deshacerse en la mano. Puede
cortar la pulpa del mango y
después trocearla o cortarla en
rodajas. También puede utilizar la
técnica que mostramos aquí para
cortar rodajas.*

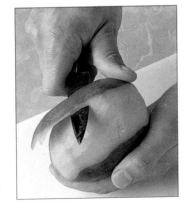

1 Coja el mango con una mano y
pélelo longitudinalmente con un
cuchillo de mondar. Pele bien toda
la fruta para obtener una forma
limpia.

2 Corte una rodaja en forma de
«V» hasta el hueso. Corte toda
la fruta a partir de la «V» en
rodajas.

CÍTRICOS

Con su cáscara penetrante, sus gajos dulces y su zumo refrescante, todos los cítricos tienen un sabor muy característico. A continuación explicamos cómo utilizar cada parte correctamente para aprovecharlos al máximo.

PELAR Y CORTAR CÍTRICOS

Cuando se pela un cítrico, es importante pelar también la membrana blanca amarga y dejar la pulpa intacta. Si quiere, puede utilizar un cuchillo dentado o uno de cocinero, como en este caso, que deja la fruta más lisa.

1 Corte una rodaja en los extremos superior e inferior de la fruta para exponer la pulpa. Ponga la fruta de pie y corte la piel con la membrana blanca siguiendo la curva de la fruta.

2 Sujete firmemente la fruta por un lado y corte la pulpa transversalmente en rodajas de unos 3 mm de grosor con un suave movimiento de sierra.

MANTENER LAS RODAJAS JUNTAS
En algunos platos, como, por ejemplo, las naranjas caramelizadas, la fruta cortada se coloca como si estuviese entera para obtener una bonita presentación. Amontone las rodajas y sujételas con un palillo.

SEGMENTAR

Esta sencillísima técnica permite cortar los cítricos en segmentos o gajos sin incluir la dura membrana. Córtelos sobre un plato o un cuenco para aprovechar el zumo que cae de la fruta.

1 Sujete la fruta pelada en una mano. Con un cuchillo pequeño, corte a ambos lados de una membrana blanca hasta llegar al corazón. Intente dejar la mínima cantidad posible de pulpa pegada a la membrana.

2 Siga cortando los gajos entre las membranas girando la fruta, pasando las membranas como si fuesen las páginas de un libro cada vez que quita un gajo.

3 Exprima el cuerpo del cítrico sobre los gajos. De esta manera, exprimirá todo el zumo de la pulpa que quede en las membranas.

CORTAR LA CÁSCARA

La cáscara de los cítricos, la parte coloreada de la piel sin la membrana blanca amarga, es aromática y sabrosa. Se puede separar de la fruta a tiritas o se puede rallar. Para obtener tiras finísimas, utilice un rallador de cítricos. Primero hay que limpiar bien la fruta.

CORTAR EN JULIANA

Cortar en juliana es un término típico de la cocina francesa que describe los ingredientes, cáscara de lima en este caso, cortados en tiritas muy finas. Si las utiliza como decoración, ablándelas primero blanqueándolas en agua hirviendo de 1 a 2 minutos, escúrralas, enfríelas en agua fría y séquelas.

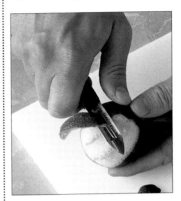

Para cortar tiritas de cáscara, lleve el pelador hacia usted ejerciendo una presión uniforme.

Para rallar la cáscara, restriegue la fruta sobre los agujeros finos de un rallador.

1 Corte tiras verticales con un mondador de hortalizas.

2 Con un cuchillo de cocinero, corte las tiras longitudinalmente en tiritas muy finas.

EXTRAER EL ZUMO

Antes de exprimir la fruta, pásela rodando sobre una superficie para ablandarla y obtener más zumo. El antiguo exprimidor de madera de la fotografía va especialmente bien para extraer el zumo y puede utilizarse tanto en frutas enteras como partidas por la mitad. Antes de utilizar el zumo, cuélelo para quitar pepitas y membranas.

De izquierda a derecha, empezando por arriba: lima, limón, naranja, *kumquat*, *satsuma* (entera y partida por la mitad).
De izquierda a derecha, empezando por la primera hilera: limón, pomelo rosa, *kumquat*.

Corte la fruta por la mitad transversalmente. Sujete una mitad sobre un cuenco e introduzca el exprimidor en la pulpa. Déle vueltas cambiando de sentido para exprimir el zumo. Haga lo mismo con la otra mitad.

BAYAS

Un cesto de bayas dulces siempre es un manjar, tanto si es temporada como si no. Las bayas, que se utilizan por su belleza y sabor, son deliciosas en purés y salsas y con ellas se preparan postres rapidísimos simplemente cubriéndolas con crema batida.

BUENAS PARA ALGUNOS

Las fresas, cargadas de vitamina C y hierro, potasio para controlar la presión arterial y ácido elágico, sustancia que ayuda a combatir ciertos tipos de cáncer, son muy sanas.

Desgraciadamente, algunas personas son alérgicas a las fresas y cuando las comen les sale un sarpullido en la piel o se les hinchan los dedos.

Hilera superior: fresones. **Hilera central, de izquierda a derecha:** arándanos americanos, frambuesas y grosellas. **Hilera inferior:** fresas silvestres, moras

PREPARAR LAS FRESAS

El cáliz de las fresas silvestres y cultivadas se suele quitar, pero si las fresas se van a utilizar para decorar se puede dejar, y también si se necesita para sumergirlas en chocolate derretido (véase página 40).

QUITAR EL CÁLIZ
Corte el cáliz con la punta de un cuchillo pequeño.

CÁLICES PARA DECORAR
Con un cuchillo de cocinero, corte la fresa longitudinalmente por la mitad.

PELAR Y DESPEPITAR LAS UVAS

Cuando se sirven uvas en salsa o como guarnición se han de pelar y despepitar. Las técnicas que explicamos a continuación son para uvas enteras; para quitar las pepitas de las uvas partidas por la mitad, sáquelas con la punta de un cuchillo pequeño y puntiagudo.

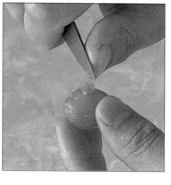

PELARLAS
Blanquéelas durante 10 segundos, quíteles la piel con un mondador empezando por la parte del tallo y hacia abajo.

DESPEPITAR
Abra un clip para papel esterilizado y saque las pepitas con uno de los extremos en forma de gancho.

QUITAR EL TALLO DE LAS GROSELLAS

Las grosellas han de sacarse del tallo antes de utilizarlas. El único utensilio que se necesita con este método es un tenedor normal.

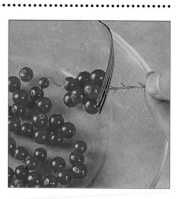

Pase los dientes del tenedor por el tallo: las grosellas se separarán con facilidad.

PREPARAR UN PURÉ DE BAYAS

Las fresas y frambuesas quedan mejor reducidas a puré en crudo (las grosellas y las cerezas se han de cocer); el azúcar se añade una vez se ha hecho el puré, según el uso que se le quiera dar a éste: véase recuadro, derecha. Con unos 250 g de fruta se obtienen 250 ml de puré.

1 Ponga las fresas sin el cáliz y cortadas por la mitad en el recipiente de una batidora y redúzcalas a puré.

2 Pase el puré por un tamiz colocado sobre un cuenco para quitar las semillas. Añada azúcar lustre, si lo desea, y remuévalo.

PREPARAR UN COULIS DE BAYAS

Para hacer un coulis, *se añade licor al puré de bayas endulzado. Para ideas sobre presentación, véase recuadro inferior.*

Añada 2 cucharadas de licor al puré de bayas endulzado: Cointreau con fresas, kirsch con frambuesas.

UTILIZAR LOS PURÉS DE BAYAS

Con el sabor concentrado de un puré de bayas se pueden elaborar muchos postres.

- Utilice el puré endulzado como base de suflés fríos dulces, *mousses,* fruta cocida, helados, sorbetes y granizados.
- Alargue un puré sin azúcar con vino blanco seco, póngalo en la nevera y sírvalo como una refrescante sopa de fruta, cubierto con un poco de crema batida o yogur griego por encima.
- Mezcle puré endulzado con requesón para preparar un pastel de queso con sabor a fruta.
- Sirva puré endulzado caliente con *crêpes de ricotta.*

REDUCIR A PURÉ EN EL PASAPURÉS

Cuando se hace puré de bayas con un pasapurés, no es necesario tamizarlo porque las semillas se quedan en él.

Ponga el disco fino en el pasapurés colocado sobre un cuenco grande. Agregue las bayas escogidas (en este caso grosellas cocidas) en la parte superior del pasapurés. Sujete la manivela con fuerza y déle vueltas para que la cuchilla vaya machacando las bayas.

TRUCOS DE COCINERO

UTILIZAR EL *COULIS* DE BAYAS COMO DECORACIÓN

Los cocineros profesionales utilizan los coulis *para decorar platos individuales. Postres individuales, tartas y pasteles quedan especialmente atractivos decorados con* coulis.

PLUMAS

Con una cuchara, vierta *coulis* en un plato frío. Con una manga pastelera de papel, deje caer una pequeña cantidad de crema de leche formando dos líneas paralelas sobre el *coulis.* Pase la punta de un cuchillo por cada mancha de crema para formar una pluma.

YIN Y YANG

Con una cuchara, vierta un poco de *coulis* en un plato frío. Con la punta de una cuchara, extienda el *coulis* por un lado para obtener una lágrima. Ponga un poquito de *coulis* de otro color y haga la misma forma pero a la inversa, de manera que las dos lágrimas se junten en el centro.

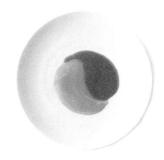

Sorpresa de cantalupo

La refrescante ensalada de melón, mango, piña y kiwi en un almíbar especiado se sirve en la mitad de un melón pequeño cubierta con sorbete de melón. El borde del melón se ha cortado en zigzag, una técnica eminentemente francesa.

PARA 4 PERSONAS

4 melones cantalupos pequeños, maduros pero fuertes

2 mangos maduros

1 piña mediana madura

3 kiwis

150 ml de agua

150 g de azúcar refinado

La cáscara y el zumo de ½ limón y ½ naranja

1 rama de canela

1 anís estrellado

¼ cucharadita de semillas de hinojo

PARA SERVIR

Hojas de menta fresca

Tejas y tulipas

Prepare los melones (*véase* recuadro, inferior) y reserve las bolitas de melón. Ponga las copas de melón en la nevera hasta que vaya a servirlos. Prepare el sorbete de melón (*véase* recuadro, derecha). Corte los mangos en dados del mismo tamaño que las bolas de melón, utilizando el método del erizo (*véase* página 13).

Corte los extremos de los kiwis, ponga las frutas de pie y pélelas siguiendo la forma de la fruta. Corte la pulpa del kiwi en dados.

Descorazone la piña (*véase* página 11), córtela en dados de aproximadamente el mismo tamaño que los del mango.

Mezcle el agua, el azúcar, la cáscara de los cítricos y el zumo y las especias en un cazo sin dejar de remover hasta que el azúcar se haya disuelto. Retire el recipiente del fuego y añada las bolas de melón y los dados de mango, kiwi y piña. Déjelo enfriar y póngalo en la nevera hasta que vaya a servirlo.

Con una cuchara, ponga las frutas especiadas en las copas de melón frías y cúbralas con una bola de sorbete de melón; decore con menta y sírvalo con las tejas y las tulipas.

SORBETE DE MELÓN

200 g de pulpa de melón (véase recuadro, inferior)
zumo de ½ limón
30 g de azúcar refinado
2 cucharadas de agua

Reduzca a puré la pulpa de melón con el zumo de limón. Prepare un almíbar (*véase* página 38) con el azúcar y el agua, enfríelo y mézclelo con la pulpa. Congélelo en una sorbetera o póngalo en el congelador durante 4 horas y bátalo lo más a menudo posible para romper los cristales de hielo.

CANTALUPO

Apreciado por su sabor dulce, el melón cantalupo de pulpa anaranjada es fácil de reconocer por su piel rayada. Se ha de servir maduro, por lo tanto compre sólo los que ceden ligeramente cuando se aprietan un poco en la parte del pecíolo y tienen un olor fresco a melón. Si no encuentra cantalupo, puede utilizar en su lugar *ogen* o *charentais*, de la misma familia.

Preparar melones

Los melones pequeños quedan muy decorativos como recipientes para servir ensaladas de frutas y otros postres, así como sabrosas combinaciones de fruta y aves o pescado. Puede cortar el borde en zigzag, como en la fotografía, o también puede dejarlo liso u ondulado.

Con la punta de un cuchillo, haga una línea en zigzag en la piel del melón sobre la línea del «ecuador». Corte las líneas marcadas, introduciendo el cuchillo hasta el centro de la fruta.

Separe con cuidado las dos mitades. Con una cuchara pequeña, saque las pepitas y la pulpa fibrosa. Quite la pulpa de la parte superior más pequeña y utilícela para preparar el sorbete de melón.

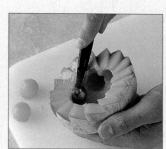

Saque bolitas de melón de la mitad inferior, apretando el vaciador de melón contra la pulpa y rotándolo hasta separarla. Saque el resto de la pulpa y utilícela para el sorbete.

FRUTAS EXÓTICAS

Muchas de estas frutas provienen de las zonas tropicales de Asia, Sudamérica y África. Otras, como los higos y los dátiles, provienen del Mediterráneo y sólo desde hace relativamente poco se pueden conseguir frescas y no sólo secas. Las frutas exóticas constituyen una curiosa adición a las tablas de queso y ensaladas; con algunas de ellas se hacen helados y sorbetes deliciosos.

1 DÁTIL Los dátiles frescos se pueden servir enteros, deshuesados (*véase* recuadro, página siguiente), partidos por la mitad, deshuesados y con un relleno dulce o salado, o picados.

2 KIWI El kiwi, rico en vitamina C, es mejor crudo cuando está bien maduro. Corte la parte superior y con una cuchara saque la pulpa (como si se comiese un huevo pasado por agua) o pélelo y córtelo en rodajas.

3 CHICOZAPOTE Esta fruta no se puede comer si no está blanda y muy madura. Pélela y cómala cruda; tire las semillas que tiene en el centro.

4 HIGO Los higos se pueden comer crudos, hervidos o en almíbar. Si se preparan como flores (*véase* recuadro, página siguiente) se pueden rellenar.

5 FRUTA DE LA PASIÓN O MARACUYÁ Originaria del Brasil, esta fruta es muy apreciada por su olorosa pulpa. Pártala por la mitad y con una cuchara saque la pulpa y las semillas comestibles. Se puede comer sola, en ensalada de frutas y en salsas dulces.

6 NÍSPERO Esta fruta mediterránea, también conocida como níspero japonés, dulce y ligeramente resinosa, se pela y se come cruda.

DESHUESAR LOS DÁTILES ENTEROS

Los dátiles enteros quedan muy bien en ensaladas de fruta, pero para que sea más fácil comerlos es mejor quitarles el hueso primero. Sujete el dátil en una mano y saque el hueso estirando del pecíolo. Utilice la punta de un cuchillo para poder agarrar mejor el pecíolo.

PREPARAR UNA FLOR CON UN HIGO

Corte la parte del pecíolo del higo. Haga un corte en forma de cruz en la parte superior del higo y ábralo presionando ligeramente los lados con los dedos. Las flores hechas con higos se pueden servir solas o con un relleno puesto con una cuchara o con una manga pastelera.

7 CAQUI El verdadero caqui está más bueno cuando está muy maduro y tiene una textura parecida a la de la mermelada. Hay otras variedades que se pueden comer antes.

8 GUAYABA Esta fruta, que proviene de Sudamérica, se parece a la coronilla (*véase* más adelante) y se utiliza de la misma forma.

9 TAMARILLO Esta fruta, amarga si se come cruda, se cocina y se endulza o se corta en rodajas para añadirla a ensaladas. También se conoce como tomate de árbol.

10 PEPINO DULCE Esta fruta, que a veces se describe como un melón, está más cerca del tomate y de la berenjena. Pélela, tire la piel amarga y córtela en rodajas finas. Utilícela en ensaladas.

11 BABACO Esta fruta emparentada con la papaya (*véase* inferior) tiene una pulpa rosa anaranjada. Se come con cuchara o troceada en ensaladas de frutas.

12 CURUBA Esta fruta proviene de Sudamérica; es una especie de fruta de la pasión (*véase* página anterior) y se utiliza de la misma forma.

13 ALQUEJENJE Esta baya dulce y naranja también llamada uva espina de El Cabo está encerrada en un hollejo no comestible de sépalos muy finos. Se come cruda o cocida o se puede utilizar como decoración.

14 CORONILLA La coronilla, de origen sudamericano, se puede comer cruda o cocinada. Queda muy bien confitada y en helados.

15 PAPAYA La papaya verde se utiliza como hortaliza; se suele cortar en tiras para ponerlas en ensaladas. La papaya madura rosa anaranjada se come cruda como fruta. Pélela, pártala por la mitad y quítele las semillas.

21

PREPARACIÓN DEL MANGOSTÁN

Con un cuchillo, corte la fruta por la mitad, atravesando la gruesa piel hasta llegar a la pulpa. Con cuidado, saque los gajos blancos con una cuchara pequeña. Los gajos tienen huesos que no son comestibles.

PREPARAR LA GRANADA

Parta la fruta por la mitad. Presionando por la parte redondeada, saque las semillas y póngalas en un tamiz. Separe las semillas de la médula y las membranas con los dedos. Para extraer el zumo, presione las semillas contra el tamiz con el dorso de una cuchara.

1 MANGOSTÁN Esta fruta tropical redonda y dura no pertenece, por extraño que parezca, a la familia del mango. Tiene unos gajos blancos dulces y sabrosos con un agradable punto de acidez. Es mejor comerla cruda.

2 GRANADA De origen mediterráneo, esta fruta dura de brillante piel roja contiene unas semillas rodeadas de una pulpa rosa muy dulce. Utilice las semillas en ensaladas de frutas o páselas por un tamiz y utilice el zumo para dar sabor a helados y *mousses*. Tire la piel amarga, la médula y las membranas.

3 HIGO CHUMBO La fruta del cactus mediterráneo se puede comer cruda o cocinarla. Tiene una pulpa amarilla o rosada jaspeada con crujientes semillas comestibles. Esta fruta tiene un sabor dulce y suave que va muy bien con zumo de limón. Tire la piel con pinchos y utilice guantes para pelarla.

4 GRANADILLA Es un tipo de fruta de la pasión (*véase* página 20), tiene una piel dura que no es comestible. La pulpa se puede comer con cuchara, se puede añadir a ensaladas de frutas o se puede utilizar para dar sabor a sorbetes y helados.

5 CARAMBOLA Esta fruta de origen asiático, de piel cérea, queda preciosa cortada en rodajas en ensaladas o para decorar. Tiene un sabor refrescante, pero insípido.

PREPARAR LA CARAMBOLA

Con un cuchillo pequeño, corte la fruta transversalmente sin pelarla. Quite las semillas del centro. Como el dulzor de la fruta varía (algunas variedades son bastante ácidas), pruébela antes de ponerla en ensaladas y prepare el aliño según su dulzor.

PREPARAR EL LICHI

Empiece por el extremo del pecíolo y corte con cuidado con un cuchillo pequeño la piel rugosa y frágil. La pulpa blanca contiene una semilla larga marrón que no es comestible. La fruta madura tiene la piel un poco rosada o rojiza.

6 y 7 MANGO Hay miles de variedades de mango, sólo en Tailandia existen cientos de ellas. Las hay de todos los colores (en la fotografía vemos una variedad rojiza a la izquierda y un mango alargado amarillo a la derecha). El mango maduro tiene un olor intenso y cede ligeramente cuando se aprieta. El mango verde se utiliza cocido como hortaliza en *chutneys*. El mango maduro, de olor delicioso, es mejor comerlo crudo con un poco de zumo de lima o de limón, en macedonias o salsas. Con los mangos se preparan deliciosos sorbetes y *mousses*. En la página 13 presentamos dos formas diferentes de prepararlos.

8 LICHI La olorosa y jugosa pulpa del lichi está encerrada en una frágil cáscara de color rosa fuerte cuando la fruta está madura. Se come cruda o escalfada en almíbar.

9 KIWANO Esta sorprendente fruta tiene una corteza naranja y erizada no comestible y una pulpa verde acuosa que se come con cuchara.

10 RAMBUTÁN Esta fruta asiática parece un lichi peludo y tiene un sabor muy parecido.

11 PITAHAYA Esta fruta de un cactus sudamericano puede ser amarilla, marfil o rosa fuerte. Córtela por la mitad y con una cuchara saque la pulpa verde o llamativamente rosa.

12 DURÍAN Esta fruta indonesa es famosa por su desagradable olor cuando está muy madura. La pulpa es cremosa y muy dulce. Se come cruda o en pasteles. Hay que tirar las semillas.

FRUTAS ESCALFADAS Y EN CONSERVA

Las frutas para escalfar han de ser fuertes y no estar demasiado maduras, ya que así conservan su forma. Conservar las frutas en alcohol es una forma perfecta de guardarlas para consumirlas más adelante, fuera de temporada.

ESCALFAR EN UN ALMÍBAR DE AZÚCAR

Aumente el dulzor natural de la fruta con un sabroso líquido de escalfado. La cantidad de azúcar en el almíbar depende del tipo de fruta. A las frutas duras y con hueso les va bien un almíbar ligero, mientras que a las bayas blandas les conviene más un almíbar espeso que les ayuda a conservar su forma. Las cantidades para el almíbar de azúcar se dan en la página 39. Para los aromatizantes, véase recuadro, izquierda.

1 Ponga las frutas con hueso (en este caso ciruelas) en el almíbar apenas agitándose; cerciórese de que están totalmente sumergidas.

2 Escalfe las frutas hasta que estén blandas, 10-15 minutos. Sáquelas con una espumadera. Hierva el almíbar para que se reduzca, cuélelo y viértalo sobre las frutas.

ESCALFAR EN VINO

Las frutas escalfadas en vino absorben el sabor del alcohol y, en el caso del vino tinto, el color. A continuación exponemos la técnica clásica para escalfar peras enteras. Antes de escalfar, pélelas y descorazónelas (véase página 8), pero déjeles el pecíolo; de esta forma será más fácil cortarlas y quedarán mejor presentadas.

1 Caliente el vino con los aromatizantes (*véase* recuadro, izquierda) y el azúcar. Añada las peras debajo del punto de ebullición. Escálfelas a fuego lento de 15 a 25 minutos.

2 Retírelas del fuego, tápelas y déjelas enfriar en el líquido. Saque las peras con una espumadera, reduzca el líquido y enfríelo. Sirva la fruta cortada en rodajas y bañada en el almíbar.

COMPOTA DE FRUTAS SECAS

Una compota es una mezcla de frutas escalfadas juntas para obtener una deliciosa mezcla de olores y sabores. En este ejemplo, las frutas secas se han puesto a remojar una noche en un líquido y aromatizantes (véase recuadro, derecha). El azúcar inhibe la cocción de las frutas, por ello se añade al final.

1 Ponga las frutas y el líquido en el que se han remojado en una cacerola. Añada agua hasta cubrir las frutas. Déjela que cueza suavemente sin dejar de remover.

2 Escalfe las frutas suavemente hasta que estén blandas, 15-25 minutos. Sáquelas con una espumadera.

3 Endulce el líquido de cocción y redúzcalo a un tercio. Sirva las frutas bañadas con el líquido.

CONSERVAR Y GUARDAR FRUTAS ENTERAS EN ALCOHOL

El alcohol se utiliza para conservar las frutas durante un período de tiempo indefinido, aunque es aconsejable consumirlas en el plazo de un año por si fermentasen.

Elija frutas que estén maduras y en buen estado. En el recuadro de la derecha presentamos una selección de frutas y de combinaciones de alcohol, además de algunas sugerencias para servirlas.

Ponga las frutas preparadas en frascos esterilizados y, si quiere, añada especias enteras. Vierta el alcohol en un cazo y llévelo a ebullición. Añada el azúcar y remuévalo para disolverlo, retire el recipiente del fuego y déjelo enfriar. Cubra totalmente la fruta de los frascos con el alcohol y ciérrelos. Guárdelos en un lugar oscuro y fresco como mínimo de 2 a 3 semanas, para que la fruta tenga tiempo de absorber el sabor del alcohol y los aromatizantes.

TRUCOS DE COCINERO

PREPARAR EL *RUMTOPF*
El Rumtopf *(pote de ron) es un método típico alemán para conservar frutas en alcohol. Del verano al otoño, las frutas maduras se alternan con capas de azúcar en frascos, se cubren con ron y se cierran herméticamente.*

Espolvoree azúcar sobre las frutas y déjelas macerar durante la noche. Ponga capas de frutas (en este caso arándanos y fresones cortados por la mitad) en un tarro de cristal esterilizado. Llénelo hasta 2 cm del borde. Cierre el tarro y déjelo madurar como mínimo 1 mes.

COMBINACIONES PARA COMPOTAS

Si remoja las frutas secas durante la noche éstas se hinchan y absorben los sabores. Pruebe las siguientes ideas:

- Haga la clásica combinación de frutas secas: albaricoques, higos, melocotones y dátiles con vino blanco y miel.
- Prepare una mezcla tropical de mango, piña y papaya secas con ron, leche de coco y canela en rama.
- Remoje en té manzanas, peras, albaricoques y ciruelas secas y después cuézalas en zumo de naranja aromatizado con clavo.

FRUTAS EN ALCOHOL

Las frutas conservadas en alcohol son postres deliciosos que se preparan en un momento y se pueden servir durante todo el año. A continuación presentamos algunas sugerencias de combinaciones de frutas y tipos de alcohol, además de ideas para servirlas. Los cítricos deben pelarse primero y las frutas duras como las peras se han de pelar y a veces también se han de escalfar.

- Cerezas con brandy o kirsch. Cúbralas con helado de vainilla.
- Uvas con whisky. Mézclelas con crema batida y merengue, desmenuzado.
- Clementinas con ron, anís estrellado, canela en rama y clavo. Sírvalas con *crème frâiche* o con chocolate derretido caliente.
- Ciruelas con oporto. Cubra con helado de avellanas.
- Mangos con ron blanco. Sírvalos con ron blanco y helado de pasas.
- Peras con vodka. Cubra con crema agria.
- Bayas de verano con kirsch. Sírvalas con crema montada por encima.

FRUTAS ASADAS Y FRITAS

La fruta asada bajo el grill es una forma rápida y sencilla de preparar un postre caliente. También se puede freír por inmersión envuelta en una masa para obtener buñuelos o saltearse y flamearse. Elija fruta madura para que conserve bien su forma.

EN LA BARBACOA

Corte la fruta en rodajas o en trozos grandes, como la piña, el mango y la papaya que presentamos, o córtela en trozos pequeños y ensártela en pinchos aceitados para hacer broquetas. Algunas frutas, como el plátano, se pueden hacer enteras. Antes de poner la fruta, pincele la rejilla con aceite. También puede pincelar la fruta con zumo de limón o miel, pero no utilice muchas especias porque se chamuscan fácilmente.

SIN ENVOLVER
Para que tengan las marcas de la parrilla, cueza las frutas directamente sobre la rejilla de la barbacoa aceitada y déles la vuelta una vez, 3-5 minutos.

ENVUELTAS
Para servir frutas enteras en papillote, envuélvalas en papel de aluminio y cuézalas sobre la rejilla de la barbacoa, 5-10 minutos.

ASADAS AL GRILL CON SALSA SABAYÓN

Las frutas frescas blandas, como las fresas y los arándanos de la fotografía, se cubren con salsa sabayón y se ponen debajo del grill caliente hasta que la salsa se dore. La salsa sabayón queda caramelizada y protege la fruta jugosa que está debajo. Ponga la fruta en cuencos refractarios que soporten altas temperaturas.

1 Coloque las frutas ya preparadas de forma decorativa en cuencos refractarios.

2 Con una cuchara, vierta la salsa sabayón sobre las frutas —durante la cocción se derretirá y se esparcirá por las frutas. Ponga la fruta bajo el grill caliente y cuézala hasta que esté ligeramente dorada, 1-2 minutos.

CUBIERTAS CON UN GLASEADO DE AZÚCAR

Esta técnica carameliza las frutas y es más apropiada para las frutas lo suficientemente firmes para conservar su forma, como los gajos de naranja de la fotografía, las uvas, las cerezas, los melocotones verdes, las rodajas de pera y las rodajas o trozos de manzana.

Antes de añadir las frutas, cerciórese de que el almíbar está ligeramente dorado y no marrón o las frutas tendrán un sabor amargo. Ponga los trozos de fruta formando una sola capa y no llene en exceso la sartén porque las frutas se guisarán y quedarán pastosas.

Para unos 250 g de fruta preparada, disuelva 50 g de azúcar en 100 ml de agua a fuego lento. Añada 15 g de mantequilla y caliéntela hasta que se derrita. Aumente el fuego y cueza hasta que el almíbar empiece a burbujear y se convierta en un glaseado. Añada las frutas. Mueva la sartén hasta que la fruta quede bien cubierta con él.

FLAMEADAS

Las frutas flameadas son un postre espectacular y tienen una intensidad de sabor especial. Las mejores frutas para flamear son las uvas y las cerezas y el mejor tipo de alcohol, cualquiera con un alto porcentaje alcohólico, como el brandy, el ron o un vino fortificado como el Madeira.

1 Derrita la mantequilla en una sartén. Añada el azúcar y las frutas preparadas; saltéelas 1-2 minutos. En otra sartén, caliente el alcohol, retírelo del fuego, préndalo y vierta el alcohol en llamas sobre las frutas.

2 Con una cuchara de mango largo por seguridad, moje continuamente las frutas con la salsa llameante hasta que las llamas se apaguen. Sírvalas inmediatamente.

BUÑUELOS AL ESTILO ORIENTAL

Las frutas rebozadas y fritas en una masa de tempura oriental son crujientes y ligeras por fuera y dulces y jugosas por dentro. La masa del rebozado es tan ligera que el color de la fruta se transparenta. Las frutas fuertes, como las manzanas y las peras, quedan bien así, como estas frutas tropicales: piña, mango, papaya y kiwi. Seque bien la fruta antes de sumergirla en la masa porque de lo contrario ésta no se pegará.

1 Pele y corte la fruta en rodajas, gajos o en trozos del mismo tamaño. Séquelas bien con papel de cocina.

2 Prepare la masa de tempura (*véase* recuadro, derecha). Con dos palillos o un tenedor de dos dientes, sumerja los trozos de fruta en la masa hasta que estén bien cubiertos. Escurra el exceso. Fría la fruta en aceite a 190 °C hasta que esté dorada y crujiente, de 2 a 3 minutos. Escúrrala antes de servirla.

MASA DE TEMPURA

50 g de harina normal
50 g de maicena
1 ½ cucharadita de levadura en polvo
1 huevo batido
200 ml de agua helada

Mezcle los ingredientes secos en un cuenco. Bata el huevo con el agua y, sin dejar de remover, añádalo a los ingredientes secos hasta formar una masa homogénea.

HORNEAR FRUTAS

Si las frutas se hornean resaltan su dulzor natural y adquieren una textura suave y deliciosa. La fruta apenas hay que prepararla, simplemente descorazonarla o deshuesarla. Las que quedan mejor son las frutas fuertes y maduras. Las frutas grandes son recipientes perfectos para rellenos dulces.

RELLENOS PARA FRUTAS HORNEADAS

Frutas frescas o secas, frutos secos y especias se pueden combinar para crear deliciosos rellenos o para colocar sobre las frutas horneadas. Para que las frutas no se caigan, corte la base para que queden planas.

- Pera troceada, frambuesas partidas por la mitad y cáscara de limón rallada.
- Almendrados desmenuzados, almendras picadas y cerezas secas.
- Frutas confitadas y pistachos tostados.
- Nueces o avellanas picadas, azúcar moreno y miel.
- Trozos de dátiles, albaricoques secos y migas de pastel remojadas en brandy.
- *Muesli*, mezclado con crema.
- Pan rallado, pasas y piñones humedecidos con un almíbar de azúcar ligero y unas gotas de agua de azahar.

HORNEAR MANZANAS ENTERAS

Las variedades de manzana Cox Orange Pippin y Granny Smith quedan muy bien horneadas. Para rellenarlas, véase recuadro, izquierda. Después de descorazonar la manzana, póngale zumo de limón en el interior para evitar que se decolore. Hornéelas en una fuente refractaria honda para no desperdiciar los jugos.

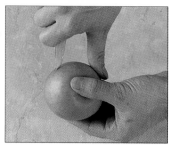

1 Con un cuchillo pequeño, haga un corte alrededor de la fruta para que la pulpa se pueda expandir durante la cocción.

2 Coloque las manzanas rellenas en una fuente refractaria; ponga la mantequilla por encima y hornéelas a 200 ºC durante 45-50 minutos.

HORNEAR MITADES DE FRUTAS

Esta técnica funciona bien con frutas con hueso, como los melocotones de la fotografía. Parta la fruta por la mitad y deshuésela (véase página 12); rocíela con zumo de limón para que no se decolore. Ponga las frutas partidas con la parte cortada hacia arriba en una fuente refractaria formando una sola capa y sin llenarla mucho.

1 Con una cuchara, ponga el relleno escogido (*véase* recuadro, izquierda) en la cavidad de la fruta y amontónelo un poco.

2 Hornee a 180 ºC hasta que la pulpa esté blanda al pincharla con un cuchillo, unos 15 minutos.

FRUTAS PARA HORNEAR EN PAPILLOTE

- Piña, plátano y naranja.
- Higos y ciruelas con un poco de mantequilla y miel de lavanda.
- Pera, membrillo y arándanos secos remojados en brandy con cardamomo espolvoreado por encima.
- Fresas, kiwis y melocotón.

HORNEAR EN PAPILLOTE

Hornear en papillote ayuda a que la fruta se mantenga jugosa porque se cuece al vapor con sus propios jugos, azúcar y condimentos. También se puede poner un poquito de mantequilla para que quede más sabrosa. Puede utilizar papel sulfurizado o de aluminio. Hornee la fruta a 180 ºC durante 15 minutos.

1 Ponga las frutas en el centro del papel. Espolvoree con azúcar al gusto y rocíe un poco de vino o de licor.

2 Doble el papel sobre el relleno para hacer un paquete. Átelo con un bramante.

CREMAS

Los productos lácteos como la crema de leche, el yogur, el suero de mantequilla, la *crème fraîche*, la crema cuajada y la crema agria se utilizan de mil formas. Aunque se pueden encontrar en las tiendas, las tres últimas se preparan fácilmente en casa.

CRÈME FRAÎCHE

Esta crema de sabor ácido y penetrante tiene la ventaja de que no se corta al cocinarla.
Se prepara mezclando suero de mantequilla, crema agria o yogur con crema de leche espesa, calentándola y dejándola reposar.
La crème fraîche, una vez espesada, debe removerse, taparse y reservarse en el frigorífico. Utilícela como lo hacen los franceses: como condimento de sopas, salsas y platos salados. También es deliciosa con frutas y dulces.

1 Mezcle 500 ml de suero de mantequilla y 250 ml de crema de leche espesa. Ponga el cuenco dentro de una cacerola con agua caliente y caliéntela a 30 °C.

2 Vierta la mezcla templada en un cuenco de cristal; cúbrala parcialmente. Déjela reposar a temperatura ambiente durante 6-8 horas.

CREMA CUAJADA

Esta crema espesa y amarilla, típica del sudoeste de Inglaterra, se prepara escaldándola sin llegar al punto de ebullición hasta que se forma una capa. Se conserva en el frigorífico como máximo 5 días.

1 Vierta 600 ml de crema de leche espesa en un cazo de fondo grueso. Caliéntela poco a poco hasta que espese, de 25 a 30 minutos.

2 Enfríe la crema hasta que se haya asentado y se forme una capa en su superficie.

3 Quite la capa superior de la crema cuajada con una cuchara grande. Conserve la crema y tire el líquido que queda debajo.

CREMA AGRIA

Este procedimiento para elaborar crema agria, uno de los ingredientes favoritos de la comida mexicana y de Europa oriental, también se puede aplicar a la leche.

Remueva 1 cucharada de zumo de limón con 250 ml de crema de leche espesa en un cuenco de cristal. Deje reposar la mezcla a temperatura ambiente durante 10-30 minutos o hasta que espese. Tape el recipiente y guarde en frío hasta que tenga que utilizarla.

SUERO DE MANTEQUILLA Y YOGUR

- El suero de mantequilla es una leche desnatada a la que se le añaden bacterias para que espese y le dé acidez. Es uno de los ingredientes del pan de soda americano, galletas y tortas.

- El yogur es un producto lácteo fermentado, poco graso, con un sabor ligeramente ácido. El yogur griego suele ser más graso y cremoso. El yogur natural se puede sustituir por crema agria.

CREMAS

El contenido en materia grasa de la crema denota su estabilidad al calentarla y la cualidad de poder montarla. Cuanta más materia grasa tiene, más estable es.

- La crema de leche espesa es la mejor para cocinar porque tiene un 48 % de materia grasa y hierve sin cuajarse.

- La crema de leche para montar tiene la materia grasa suficiente, entre 35 % y 39 %, para calentarla y poder montarla. Prepárela usted mismo en una proporción de 2:1 de crema de leche espesa y crema de leche líquida.

- La crema de leche líquida tiene un 24 % de materia grasa y se suele utilizar directamente; también se puede emplear para dar más cuerpo y una textura cremosa a las preparaciones líquidas, siempre y cuando no se hierva.

- La nata agria no es muy espesa. Aunque se puede añadir a salsas calientes para enriquecerlas, tiene un contenido de materia grasa de un 21 %, por lo tanto no es estable a fuego vivo.

NATILLAS Y CREMAS

La deliciosa unión entre la leche, el azúcar y los huevos constituye la base de sedosas salsas, cremas con aroma de vainilla y natillas finas y espesas. Los métodos que explicamos a continuación utilizan ingredientes similares, pero las técnicas, los tiempos de cocción y los ingredientes que se les añaden para enriquecerlos crean sabores y texturas diferentes.

QUÉ QUIERE DECIR...

CREMA INGLESA: se trata de unas natillas típicas condimentadas con vainilla, aunque ahora también se añaden otros condimentos como ralladura de cítricos, chocolate y licores.

CREMA MUSELINA: es una crema pastelera enriquecida con mantequilla, que se utiliza como relleno de bizcochos y como base para postres. Es más firme que la crema pastelera normal, por lo que se utiliza para rellenar las hileras de lionesas del *croquembouche*.

CREMA PASTELERA: término que se utiliza para describir una crema espesada con harina normal y maicena. Se puede utilizar como base para suflés y relleno de bizcochos, tartas y pastas, especialmente los palos.

TRUCOS DE COCINERO

SI LA CREMA SE CORTA
Si el fuego está demasiado fuerte cuando se cuece una crema, ésta se corta. Para solventar este problema, retire el recipiente del fuego y bata las natillas o la crema con la cuchara hasta que queden bien mezcladas. Otra solución consiste en pasar las natillas o crema por un tamiz muy fino y batirlas hasta que queden homogéneas.

CREMA INGLESA

Para cocer bien unas natillas sobre el fuego hay que vigilarlas atentamente. Para que los huevos no cuajen, no deje que la leche hierva mientras hace las natillas. Se han de cocer a fuego lento y removiendo constantemente alrededor de los lados y por la base del recipiente para que la crema no se queme.

1 Remoje una vaina de vainilla en 500 ml de leche. Bata 5 yemas de huevo en un cuenco con 65 g de azúcar refinado. Quite la vainilla de la leche y lleve ésta a ebullición. Bata la leche con los huevos y viértalos en un cazo limpio.

2 Caliente la mezcla a fuego lento sin dejar de removerla con una cuchara de madera, hasta que se espese. Compruebe la consistencia pasando un dedo por el dorso de la cuchara. Ha de dejar un surco bien hecho. Para 625 ml.

CREMA PASTELERA

Si no va a usarla de inmediato, restriegue mantequilla por la superficie para evitar que se forme nata.

Bata 6 yemas de huevo en un cuenco con 100 g de azúcar refinado, añada 40 g de maicena. Lleve a ebullición 600 ml de leche y añádalo a la mezcla. Viértalo en una cacerola y lleve a ebullición hasta que aparezcan burbujas en la superficie. Rebaje el fuego y cueza hasta que se espese.

CREMA HORNEADA

En Inglaterra la crema se hornea en una fuente refractaria y se sirve caliente. Mezcle 3 yemas de huevo con 50 g de azúcar, 25 g de harina normal y 25 de maicena. Añada 500 ml de leche y cueza la crema hasta que se espese. Viértala en la fuente. En Francia, la crema se hornea en moldes individuales y se sirve fría. La crema se hace igual que la inglesa, pero se prepara con 300 ml de crema de leche espesa y 200 ml de leche, más 2 yemas de huevo.

TÍPICA INGLESA
Ralle nuez moscada sobre la fuente de crema y hornéela al baño María a 170 ºC de 20 a 25 minutos. Sirva la crema caliente.

MOLDES FRANCESES
Hornee los moldes individuales de crema en un baño María frío a 170 ºC de 15 a 20 minutos. Enfríelos en la nevera antes de servirlos.

PREPARAR UNA BAVARESA

Este típico postre francés moldeado, también llamado crema bávara, está elaborado con una crema inglesa (véase página anterior), cuajada con gelatina y aligerada con crema de leche batida. El resultado es una textura lisa y aterciopelada lo suficientemente firme para volcarla y conservar su forma al servirla.

1 Prepare 15 g de gelatina en polvo (*véase* página 32) en agua, mézclela con 3 cucharadas de Cointreau y agréguela removiendo a 625 ml de crema inglesa caliente.

2 Pase la crema a un cuenco, tápela y déjela enfriar. Cuando empiece a cuajarse, agregue 225 ml de crema de leche espesa ligeramente batida.

3 Enjuague un molde de 1,5 l con agua fría y con un cucharón, vierta la bavaresa en el molde. Enfríela en la nevera 4 horas o hasta que esté cuajada. Vuélquela para servirla.

PREPARAR UN FLAN

El secreto para obtener estos flanes franceses deliciosamente cremosos y suaves es hornearlos suavemente al baño María. Vigile el agua —no ha de hacer burbujas o los flanes saldrían con hoyuelos. Siga la técnica que explicamos a continuación basada en la receta de la derecha.

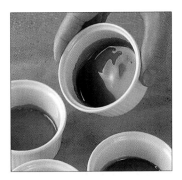

1 Vierta con cuidado caramelo caliente en las flaneras. Inclínelas un poco para que el caramelo cubra la base y las paredes del molde.

2 Llene las flaneras hasta el borde con la crema tamizada. Póngalas en una fuente refractaria y vierta agua caliente hasta alcanzar la mitad de la altura de las flaneras.

3 Pase la hoja de una paleta pequeña dentro de la flanera. Coloque un plato de postre encima y dé la vuelta al molde. Levántelo y deje que el caramelo bañe el flan.

AZÚCAR QUEMADO

A las cremas a veces se les pone por encima un caramelo crujiente, brûlée en francés. Éste se parte con una cuchara en la mesa.

Espolvoree 1 ¹/₂ cucharadas de azúcar granulado sobre cada molde. Póngalos debajo del grill caliente, lo más cerca posible, de 2 a 3 minutos. Deje enfriar; sirva en 2 horas.

FLAN

100 g de azúcar granulado
60 ml de agua
2 huevos
4 yemas de huevo
115 g de azúcar refinado
Unas gotas de esencia de vainilla
500 ml de leche

Prepare el caramelo (*véase* página 39) con el azúcar granulado y el agua. Utilícelo para cubrir el interior de cuatro flaneras. Ponga los huevos enteros, las yemas de huevo, azúcar y vainilla en un cuenco y remuévalos para mezclarlos. Caliente la leche y viértala sobre la mezcla de huevos, sin dejar de remover.

Tamice la crema sobre una jarra y divídala entre las 4 flaneras. Hornee los flanes sin tapar al baño María caliente a 170 °C, durante 40-50 minutos. Déjelos enfriar y enfríelos en la nevera durante toda la noche. Para 4 personas.

MOUSSES FRÍAS, SUFLÉS Y GELATINAS

Con las *mousses* y los suflés se hacen unos postres maravillosos. Para que conserven su forma requieren crema batida, gelatina o merengue italiano; la gelatina es esencial si se desea obtener una preparación más compacta.

DISOLVER LA GELATINA

Tanto la gelatina en polvo como la gelatina en láminas se tiene que remojar antes de utilizarla para que se mezcle bien con los demás ingredientes. Cuando caliente la gelatina, nunca la deje hervir porque quedaría pegajosa.

EN POLVO
Espolvoréela sobre 4 cucharadas de líquido frío. Déjela reposar, 5 minutos. Póngalo al baño María hasta que el líquido esté limpio.

EN LÁMINAS
Ablande 5 minutos las láminas en agua fría. Exprímalas. Pase las láminas al líquido caliente para que se disuelvan.

PREPARAR UNA MOUSSE DE FRUTA SENCILLA

Los purés de fruta forman la base de muchas mousses*. Para obtener el mejor sabor, elija purés de sabor pronunciado como este de albaricoque; también son apropiados los de arándanos y moras. Si quiere una mousse más ligera, añada 2 claras de huevo a punto de nieve después de la crema de leche.*

1 Prepare 15 g de gelatina en polvo en agua (*véase* izquierda) y déjela enfriar hasta que esté templada. Añádala a 450 g de puré de frutas endulzado. Deje reposar la mezcla a temperatura ambiente hasta que empiece a espesarse, 15-30 minutos.

2 Bata suavemente 300 ml de crema de leche espesa, añada 2 cucharadas de crema batida a la mezcla de frutas y déjela reposar. Incorpore el resto de la crema batida con una espátula. Enfríe como mínimo 4 horas antes de servir.

MOUSSE DE CHOCOLATE

Esta mousse fácil y rápida se basa en la combinación de chocolate, mantequilla y claras de huevo en lugar de gelatina. Para 6 personas, derrita 450 g de chocolate sin azúcar con 100 g de azúcar refinado y 2 cucharadas de mantequilla. Deje enfriar y añada luego 6 yemas de huevo.
Bata 6 claras de huevo a punto de nieve y mézclelas con el chocolate. Tape y enfríe en el frigorífico 4 horas como mínimo.

INCORPORAR LAS YEMAS DE HUEVO
Antes de añadir las yemas de huevo, asegúrese de que la mezcla de chocolate está fría. Si está caliente, las yemas se puede cocinar y cuajar.

AGREGAR LAS CLARAS
Incorpore batiendo 2 cucharadas de claras de huevos montadas a la mezcla para suavizarla un poco y vaya añadiendo todo el resto.

PREPARAR UN SUFLÉ DE FRUTAS

En esta técnica se combinan tres ingredientes: puré de frutas, merengue y crema que se colocan en un molde envuelto con un collar de papel. El suflé de frambuesas de la fotografía se ha preparado con 350 ml de puré, 400 g de merengue italiano (véase página 34) y 400 ml de crema de leche batida espesa en un molde para suflé de 1,5 l.

1 Ponga un collar doble de papel sulfurizado alrededor del molde, de forma que sobresalga 3-5 cm del borde; sujételo con cinta adhesiva.

2 Con cuidado y con una espátula mezcle el merengue italiano con el puré de fruta y añada luego la crema espesa batida.

3 Vierta el suflé con un cucharón en el molde hasta llegar al borde del collar.

4 Alise la superficie con una espátula metálica mojada en agua caliente.

5 Congele el suflé durante 2 horas hasta que esté compacto. No más de 20 minutos antes de servirlo, quite con cuidado el collar de papel, alise el borde con la paleta y decórelo.

PREPARAR UNA JALEA DE FRUTA

Las frutas frescas suspendidas en jalea quedan muy atractivas, especialmente si se han dispuesto de forma decorativa entre capas de jalea. La técnica es sencilla, pero hay que dejar tiempo para que cada capa se solidifique antes de poner la siguiente. Una posibilidad rápida consiste en poner las frutas al azar entre la jalea; llene simplemente el molde con frutas y cúbralas con la jalea líquida.

1 Prepare 15 g de gelatina en polvo (*véase* página anterior). Añada la gelatina disuelta a un almíbar de azúcar caliente preparado con 150 g de azúcar y 150 ml de agua.

2 Mezcle 500 ml de zumo de frutas sin azúcar con el almíbar caliente y añada removiendo 3 cucharadas de licor u otro tipo de alcohol. Déjelo enfriar.

3 Ponga 500 g de frutas formando una capa en un molde de 1,5 l. Con un cucharón, cúbralas con la jalea líquida. Enfríela durante 15 minutos; repita la operación hasta llegar al borde.

MERENGUES

El merengue, una mezcla de claras de huevo batidas a punto de nieve y azúcar o almíbar de azúcar, es la base de numerosos postres y dulces. Aunque el equipo que se utilice puede variar según el tipo de merengue elegido, las técnicas y principios son los mismos.

TIPOS DE MERENGUE

FRANCÉS: es el merengue más sencillo; se utiliza para decorar con manga pastelera, para escalfar los *oeufs à la neige* o para hornear, como en el caso de los *vacherin* o de los nidos (*véase página siguiente*). Utilice 115 g de azúcar para 2 claras de huevo.

ITALIANO: merengue de textura compacta pero aterciopelada, preparado con almíbar caliente que «cuece» las claras de huevo; se utiliza en postres sin cocinar como *mousses* frías, suflés y sorbetes. Es perfecto para aplicarlo con manga pastelera. Para obtener 400 g de merengue italiano, prepare un almíbar con 250 g de azúcar y 60 ml de agua y hiérvalo hasta el punto de bola blanda (118 °C); incorpore el almíbar, sin dejar de batir, a 5 claras de huevo batidas a punto de nieve.

SUIZO: es un merengue mucho más compacto que el francés; se utiliza con manga pastelera. Utilice 125 g de azúcar para 2 claras de huevo.

PAVLOVA

3 claras de huevo
175 g de azúcar lustre
1 cucharadita de vinagre de frambuesa o de vino
1 cucharadita de maicena

Recubra una placa de hornear con una hoja de papel sulfurizado. Bata las claras de huevo a punto de nieve, añádales la mitad del azúcar y, por último, el resto de ingredientes. Extienda el merengue sobre el papel formando un círculo y hornéelo a 150 °C durante 1 hora. Déjelo enfriar dentro del horno. Para 6 personas.

PREPARAR EL MERENGUE

Cerciórese de que todos los utensilios están inmaculadamente limpios y sin grasa. Para conseguir el máximo volumen, deje reposar las claras de huevo en un recipiente tapado a temperatura ambiente una hora antes de utilizarlas. Existen tres formas de hacer merengue, y éstas dependen de la receta y de su posterior utilización.

FRANCÉS
Con una batidora de varillas, bata las claras de huevo a punto de nieve. Incorpore gradualmente la mitad del azúcar, y luego añada el resto sin dejar de batir.

ITALIANO
Con una batidora de mesa a velocidad lenta, por un lateral del recipiente, incorpore batiendo almíbar de azúcar caliente, formando un chorrito continuado, a las claras de huevo batidas.

SUIZO
Bata las claras de huevo y el azúcar en un cuenco colocado sobre una cacerola con agua agitándose. Dé vueltas al recipiente para que no se cuezan bolsas de clara de huevo.

PREPARAR UNA PAVLOVA

Este famoso postre lleva el nombre de la bailarina rusa Anna Pavlova para celebrar su visita a Nueva Zelanda. Es un tipo de merengue único que tiene una textura peculiar producida por la adición de vinagre y maicena a las claras de huevo batidas con azúcar. El relativamente breve período de cocción es otro de los factores que contribuyen a su textura, puesto que retiene la humedad.

DAR FORMA AL MERENGUE
Con una cuchara de metal, extiéndalo formando un círculo y ahueque el centro.

PELAR EL PAPEL SULFURIZADO
Pele con cuidado el papel sulfurizado de la base del merengue frío.

LLENAR UNA MANGA PASTELERA

Los cocineros profesionales llenan la manga pastelera sujetándola con una mano, como aquí. Otro método consiste en apoyar los bordes de la manga en el borde de una jarra para que haga de soporte.

1 Coloque bien la boquilla, dé la vuelta a la manga sobre la boquilla para que no salga el contenido.

2 Doble la parte superior de la manga sobre la mano e introduzca el relleno.

3 Retuerza la parte superior de la manga hasta que empiece a salir el relleno por la boquilla.

SERVIR MERENGUES

Rellene el merengue, ponga entre dos capas del mismo una crema aromatizada o pruebe una de las siguientes ideas:

- Rellene las conchas con *ganache* de chocolate (*véase* página 40), y esparza por encima copos de chocolate y espolvoréelas con azúcar y cacao.
- Mezcle unas cuantas frutas de temporada con un poco de Cointreau y póngalas en un nido.
- Ponga capas de chocolate o de *mousse* de frutas sobre discos de merengue para obtener un pastel.

HACER FORMAS

Los cambios de consistencia del merengue —blando para utilizarlo con una manga pastelera o para aguantar el peso de otros ingredientes— hacen que el merengue se pueda utilizar de muchas formas. Puede utilizar un simple merengue francés; hornéelo a 100 °C durante 1 hora como mínimo. El merengue suizo que se ha dejado secar durante toda la noche a 60 °C queda más blanco.

CONCHAS
Deje caer pequeños redondeles de merengue sobre papel sulfurizado con una boquilla mediana.

NIDOS
Haga círculos de 5 cm con una boquilla en forma de estrella; forme la base del merengue. Aplique el merengue por los bordes para formar un nido.

DISCO GRANDE
Trace un círculo sobre papel sulfurizado. Con una boquilla lisa y pequeña forme una espiral de merengue desde el centro del círculo hacia fuera.

BUDINES CALIENTES

Estos deliciosos y tradicionales postres, como el cremoso arroz con leche, los sensuales suflés dulces y las carlotas de fruta, son fáciles de hacer y muy gratificantes al paladar.

ARROZ CON LECHE

Hay que cocer el arroz poco a poco para que los granos absorban la leche y adquieran una textura cremosa. Para ello se necesita una cacerola de fondo grueso para que el arroz se cueza uniformemente y no se queme. Lleve 550 ml de leche a ebullición, añada 115 g de arroz, 60 g de azúcar refinado y ¹/₂ vaina de vainilla. Cuézalo a fuego lento hasta que esté espeso y cremoso, unos 30 minutos.

Remueva a menudo durante la cocción para distribuir el arroz en la leche; esto ayuda a que el arroz se cocine uniformemente y no se pegue.

ARROZ CON LECHE HORNEADO

Este postre tiene una costra dorada. Ponga 50 g de arroz para budín en una fuente enmantecada con 60 g de azúcar refinado, 1 cucharadita de ralladura de limón, una pizca de sal y 600 ml de leche caliente. Espolvoree con nuez moscada y coloque unos trocitos de mantequilla por encima. Hornee, sin tapar, a 150 °C 1 ¹/₂ horas y remuévalo tras 30 minutos.

Para obtener un sabor delicioso y una costra crujiente, distribuya trocitos de mantequilla sobre el arroz antes de hornearlo. La nuez moscada aporta color y sabor.

SUFLÉS DE VAINILLA HORNEADOS

125 g de mantequilla
60 g de harina normal
500 ml de leche
¹/₂ cucharadita de esencia de vainilla
125 g de azúcar refinado
8 huevos, yema y clara separadas

Prepare una salsa blanca con la mantequilla, la harina y la leche. Agregue removiendo la esencia de vainilla y 2 cucharadas de azúcar. Retire la cacerola del fuego, déjela enfriar un poco y añada batiendo las yemas de huevo. Bata las claras a punto de nieve y mézclelas gradualmente con el resto del azúcar hasta obtener un merengue blando. Con una cuchara grande metálica, mezcle poco a poco el merengue con la salsa blanca. Reparta la mezcla en los 6 moldes de 125 ml ya preparados y hornéelos a 190 °C de 15 a 20 minutos. Sírvalos inmediatamente, con un poco de azúcar lustre espolvoreado por encima. Para 6 personas.

PREPARAR UN SUFLÉ DULCE CALIENTE

La base de un suflé horneado es una sencilla salsa blanca y los aromatizantes típicos son azúcar y vainilla. El secreto del pastelero consiste en hornear suflés individuales en lugar de uno grande —es más fácil saber cuándo están cocidos y es más difícil que bajen. A continuación presentamos dos técnicas profesionales.

CUBRIR CON AZÚCAR

Para que el suflé suba de manera uniforme, pincele el interior de los moldes con mantequilla blanda de abajo a arriba. Póngalos en la nevera hasta que la mantequilla se endurezca y vuelva a repetir la misma operación. Llene el molde hasta la mitad con azúcar refinado y vaya girándolo para que éste cubra el interior.

LIMPIAR LOS BORDES

Para que queden rectos, pase el pulgar por el borde interior del molde.

PREPARAR UNA CARLOTA CALIENTE

Igual que el postre frío del mismo nombre (véase recuadro, derecha), este tipo de carlota —que consta de un envoltorio de pan enmantecado con un relleno dulce y jugoso de frutas— se hace en un molde del mismo nombre y con forma de cubo. Es mejor utilizar pan seco porque conserva mejor su forma a pesar de la fruta jugosa.

1 Corte por la mitad en diagonal 4 o 5 rebanadas de pan y luego unos triángulos con un cortapastas, para que se ajusten a la base del molde.

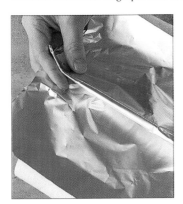

2 Corte por la mitad el resto de rebanadas como se muestra. Páselas por mantequilla derretida y superpóngalas en las paredes del molde.

3 Ponga el relleno en el centro, aplástelo con el dorso de un cucharón y cúbralo con el resto de pan remojado en mantequilla. De esta forma evitará que el relleno se salga al volcar la carlota del molde.

BUDÍN AL VAPOR

Antiguamente los budines se envolvían en un lienzo para cocerlos al vapor, pero ahora se utiliza papel de aluminio. Hay que manipularlo con cuidado porque el recipiente y el papel se ponen extremadamente calientes durante el largo período de cocción al vapor. Esta técnica reduce el riesgo de escaldarse.

1 Haga un doblez en una hoja de papel sulfurizado y de aluminio juntas lo bastante grandes como para cubrir un cuenco.

2 Ponga ambos papeles sobre el cuenco y átelo por debajo del borde y por encima para obtener un asa.

3 Utilice el asa del bramante para sacar el budín de la cacerola. Una trébede dentro del recipiente distribuye el calor uniformemente.

QUÉ QUIERE DECIR...

Carlota es el nombre de dos postres diferentes: uno caliente (como éste) y otro, una carlota rusa, fría. El budín caliente fue creación de un cocinero durante el reinado de Jorge III, el más famoso rey loco de Inglaterra. Se llamó así en honor de su esposa, la reina Carlota.

La versión fría, la carlota rusa, fue una inspiración de Carême, un famoso pastelero francés que trabajó para el zar ruso Alejandro en el siglo XIX. Se trata de un postre elaborado que no necesita cocción, preparado en un molde cubierto con bizcochos de soletilla y relleno de crema.

La reina Carlota (fallecida en 1818)

CARLOTA DE MANZANA

500 g de manzanas para cocinar
500 g de manzanas Granny Smith
100 g de mantequilla sin sal
250 g de azúcar
50 g de nueces picadas
10–12 de rebanadas grandes de pan glaseado de albaricoque

Rehogue las manzanas con 25 g de mantequilla a fuego lento durante 15 minutos. Agregue el azúcar, las nueces y prosiga la cocción hasta que las manzanas empiecen a romperse. Quite la corteza del pan y recórtelo. Sumerja el pan en mantequilla derretida y cubra el fondo y las paredes del molde. Llénelo con la compota y cúbralo con el resto del pan. Tápelo con papel de aluminio y hornéelo a 190 °C durante 1 hora. Vuelque la carlota del molde sobre una fuente de servicio y pincélela con el glaseado caliente. Sírvala caliente.

AZÚCAR

En la cocina, el azúcar hace algo más que endulzar. Calentado con agua forma unos almíbares indispensables en muchos postres. Caramelizado, adquiere un tono ámbar y se utiliza para hacer praliné y *nougatine*.

TERMÓMETRO PARA EL AZÚCAR

Indispensable para determinar la temperatura exacta de los almíbares de azúcar hervidos y los puntos de solidificación de mermeladas, gelatinas y dulces. Hay que tener cuidado de que la punta del termómetro sólo toque el líquido y no el recipiente.

PREPARAR ALMÍBAR DE AZÚCAR

Las dos técnicas esenciales para conseguir un almíbar claro no granulado consisten en disolver el azúcar antes de aumentar el fuego y que el líquido hierva, y nunca remover el almíbar una vez está hirviendo. Para conseguir almíbares con diferentes puntos de azúcar y sus usos, véase recuadro, página siguiente.

1 Ponga azúcar y agua caliente en un cazo de fondo grueso; remueva hasta que se disuelva.

2 Para hacer un almíbar simple, hiérvalo 1 minuto. Para otros almíbares hervidos, *véase* inferior.

ALMÍBARES HERVIDOS

Si un almíbar se deja sobre el fuego, el agua se evapora, la temperatura aumenta y se hace cada vez más denso. Durante la cocción, pase un pincel con agua por las paredes del recipiente para evitar que se formen cristales (véase paso 2, superior).

BOLA BLANDA (116–118 °C)
Es la primera fase del punto de saturación; el almíbar mantiene su forma, pero al apretarlo está blando.

BOLA FIRME (125 °C)
El almíbar forma una bola firme y flexible, con una consistencia pegajosa.

QUEBRADO BLANDO (134 °C)
El almíbar es quebradizo, pero tiene una textura blanda y flexible que se pega en los dientes.

QUEBRADO DURO (145 °C)
El almíbar es muy quebradizo. A partir de este punto el azúcar se carameliza de inmediato.

Hilera superior, de izquierda a derecha: cristales de azúcar, azúcar mascabado claro, azúcar mascabado oscuro, azúcar moreno fino.
Hilera inferior, de izquierda a derecha: azúcar lustre, terrones de azúcar, azúcar refinado, azúcar granulado

CARAMELO

El caramelo de color ámbar que se utiliza líquido o como dulce crujiente se forma cuando el almíbar se sigue calentando después del punto de quebrado duro, se evapora todo el líquido y el almíbar se vuelve marrón oscuro. El caramelo claro tiene un sabor suave; el medio es de color dorado oscuro y sabe a nueces. Hay que tener cuidado de no cocer el caramelo a más de 190 °C porque se quema. Si se espesa con demasiada rapidez, vuélvalo a calentar brevemente.

1 Lleve el almíbar espeso a ebullición. Baje el fuego y mueva el cazo un par de veces para que el almíbar adquiera un color uniforme; no lo remueva.

2 Cuando el caramelo tenga el color deseado, introduzca la base del cazo en agua helada para que no cueza más; retire el recipiente antes de que el caramelo se solidifique.

EL ALMÍBAR DE AZÚCAR Y SUS USOS

La temperatura alcanzada al hervir azúcar y agua es lo que determina su futuro uso; desde los simples almíbares hasta los blandos fondants y los frágiles caramelos.

ALMÍBAR DE AZÚCAR LIGERO (250 g de azúcar por 500 ml de agua); para ensaladas de frutas y frutas escalfadas.

ALMÍBAR ESPESO (250 g de azúcar por 225 ml de agua); para el caramelo (*véase izquierda*) y helados.

ALMÍBAR MEDIANO (250 g de azúcar por 250 ml de agua); para frutas confitadas.

BOLA BLANDA (116-118°C): para merengue italiano y glaseado de crema de mantequilla.

BOLA FIRME (125°C): para mazapán, *fondant* y dulces.

CARAMELO: en forma líquida se utiliza para aromatizar salsas y en postres como el flan. Roto o aplastado se utiliza para cubrir pasteles y postres.

QUEBRADO BLANDO (134°C): para *nougat*, algunos caramelos y *toffee*.

QUEBRADO DURO (145°C): algodón de azúcar, para formar hebras decorativas y frutas glaseadas.

PRALINÉ

El praliné, una mezcla de caramelo y nueces, se utiliza en los helados y otros postres. El típico es el de almendra, pero los de avellanas o el de pacanas que aquí presentamos son otras alternativas interesantes. Normalmente se pone la misma cantidad de frutos secos que de azúcar y después se rompe en trozos con un rodillo o se muele en un robot. Si el praliné se va a romper con rodillo, ponga menos frutos secos.

1 Agregue los frutos secos enteros y descascarados al caramelo dorado hirviendo y caliéntelo hasta que empiecen a saltar.

2 Vierta el caramelo sobre una placa de hornear cubierta de papel sulfurizado y extiéndalo bien. Déjelo enfriar.

NOUGATINE

La nougatine, *uno de los dulces preferidos de los pasteleros, es una mezcla de almendras y caramelo como el praliné, sólo que se le añade glucosa para que sea más maleable, y las almendras se tuestan y se trocean antes de mezclarlas con el caramelo. Se utiliza principalmente para decorar, dar forma y para hacer recipientes que se rellenan con postres; se puede aplastar y esparcir sobre helados u otros postres. Con estas cantidades se obtienen 2 kg.*

1 Disuelva 1 kg de azúcar en 100 ml de agua, llévela a ebullición y añada 400 g de glucosa líquida. Cueza hasta que tenga color caramelo. Agregue 500 g de almendras tostadas laminadas. Vierta la mezcla sobre una superficie engrasada; déjela enfriar. Aplánela con un rodillo metálico caliente y engrasado.

2 Cuando la *nougatine* tenga un grosor de 5 mm, córtela en tiras con un cuchillo de cocinero caliente y ligeramente engrasado y después en las formas que necesite.

CHOCOLATE

Manipule el chocolate correctamente porque desempeña un papel muy importante en la elaboración de postres. Para obtener los mejores resultados, utilice siempre chocolate de buena calidad que contenga como mínimo un 32 % de manteca de cacao.

TIPOS DE CHOCOLATE

Los pasteleros profesionales utilizan diferentes tipos de chocolate que el cocinero casero no suele utilizar. Esto se debe a que muchas veces necesitan un tipo de chocolate no sólo que sea maleable para poder hacer formas intrincadas sino que también pueda mantenerlas. El contenido de manteca de cacao determina, además de su sabor, las características del chocolate para cortarlo y darle forma.

CHOCOLATE DE COBERTURA: es el chocolate preferido de los pasteleros para cualquier receta que contenga chocolate. Tiene un alto porcentaje de manteca de cacao (como mínimo un 32 %), mucho brillo y un delicado sabor. Es más difícil de trabajar que el chocolate de pastelero —antes de utilizarlo siempre hay que modificarlo— pero tiene un aspecto mucho más bonito y es mucho más sabroso. Si no puede conseguir chocolate de cobertura, sustitúyalo por chocolate sin azúcar o semidulce (también denominado chocolate amargo o chocolate negro) con el mayor porcentaje de manteca de cacao que encuentre y modifíquelo antes de utilizarlo.

CHOCOLATE DE PASTELERO: en este tipo de chocolate, también llamado baño de pastelero y *pâte à glacer*, se ha sustituido la manteca de cacao por aceite vegetal hidrogenado; es fácil de utilizar y se solidifica y corta bien, pero sabe a grasa y tiene un acabado mate. Es el mejor para hacer decoraciones flexibles, como los lazos, y se puede utilizar sin modificar (*véase página siguiente*).

CHOCOLATE

El chocolate es más fácil trocear y rallar si está frío y firme. Si hace calor, póngalo primero en la nevera y tome la precaución de envolverlo en papel sulfurizado o de aluminio. Todos los utensilios han de estar completamente secos.

PICAR
Pase la hoja de un cuchillo de cocinero hacia delante y hacia atrás sobre el chocolate.

RALLAR
Sujete bien el chocolate y restriéguelo contra los agujeros más grandes del rallador.

DERRETIR

Es mejor derretir el chocolate al baño María a fuego lento. Si se calienta en exceso se granula y quema; si le salpica agua se endurece y adquiere un aspecto deslustrado.

Pique el chocolate en trozos de tamaño uniforme. Póngalos en un cuenco seco refractario colocado sobre un cazo de agua caliente. Cuando el chocolate empiece a derretirse, remuévalo con una cuchara de madera hasta obtener una pasta homogénea.

PREPARAR EL GANACHE

Esta mezcla cremosa se puede utilizar para glasear y rellenar pasteles, y si se desea también se puede aromatizar con unas gotas de licor o de café. Para que el ganache quede bien, utilice un chocolate de buena calidad que contenga un alto porcentaje de manteca de cacao (véase recuadro, izquierda).

1 Derrita 300 g de chocolate. Caliente 150 ml de crema de leche espesa y viértala por encima.

2 Mezcle la crema y el chocolate con una cuchara de madera.

3 Cuando estén bien mezclados, bátalo hasta que la mezcla esté lisa y brillante.

MODIFICAR

Esta técnica se utiliza con el chocolate que tiene un alto contenido de manteca de cacao (véase recuadro, página anterior). Ofrece la consistencia y el brillo requeridos para muchas decoraciones. Al derretirlo, enfriarlo y volverlo a calentar se descompone la grasa; sale un chocolate que al solidificarse queda muy duro.

1 Derrita lentamente el chocolate en un cuenco colocado sobre un cazo con agua caliente (no agitándose). Remuévalo hasta que esté liso, a 45 °C.

2 Ponga el cuenco con el chocolate sobre otro lleno de cubitos de hielo. Remuévalo hasta que el chocolate se enfríe y la temperatura baje a 25 °C.

3 Vuelva a calentar el chocolate sobre un cazo de agua caliente durante 30-60 segundos, hasta que alcance la temperatura de 32 °C para manipularlo.

PREPARAR MOLDES

Los pasteleros cubren la parte exterior de los moldes con plástico y los pasan por chocolate modificado. He aquí un método alternativo.

Pincele el interior de un molde para dulce con una capa fina de chocolate modificado. Déjelo secar y retire con cuidado el molde de papel.

HACER FORMAS

Cuando prepare chocolate para cortarlo, trabaje con rapidez para que el chocolate no se solidifique. Una vez que lo haya alisado formando una capa lisa, puede colocar una segunda hoja de papel sulfurizado sobre el chocolate y darle la vuelta de forma que la nueva hoja quede en la base. De esta manera, evitará que el chocolate se abarquille al secarse. Antes de cortarlo, pele el papel superior. Con una manga pastelera, haga formas con ganache (véase página anterior); rellene las cajas de fruta fresca.

1 Vierta con un cucharón chocolate modificado sobre una placa de hornear cubierta con papel sulfurizado.

2 Extienda rápidamente una capa de unos 2 mm de grosor con una espátula grande y en ángulo.

3 Antes de que el chocolate se solidifique y se pueda romper, sumerja un cortapastas en agua caliente, séquelo y corte el chocolate en redondeles. Deje que las formas se solidifiquen sobre papel sulfurizado.

Gâteau des Deux Pierre

Este postre espectacular, deliciosa mezcla de chocolate y frambuesas, está completamente envuelto en lazos de chocolate.

Prepare los diferentes componentes de uno en uno y monte el pastel al final.

PARA **6** PERSONAS

PARA EL BIZCOCHO

85 g de harina normal

40 g de cacao en polvo

4 huevos, yemas y claras separadas

125 g de azúcar refinado

PARA LA MOUSSE

50 g de azúcar refinado

75 ml de agua

4 láminas de gelatina preparadas (véase página 32).

250 g de chocolate de cobertura (véase recuadro, página 40) derretido

500 ml de crema de leche espesa, ligeramente montada

PARA EL ACABADO

175 g de frambuesas

50 ml de licor de frambuesa

Almíbar de azúcar (véase página 38) preparado con 50 g de azúcar refinado y 50 ml de agua

350 g de chocolate de pastelero (véase recuadro, página 40)

Azúcar lustre

Prepare el bizcocho: tamice la harina y el cacao en polvo. Bata las claras a punto de nieve. Agrégueles el azúcar y siga batiendo hasta obtener una mezcla homogénea. Añada las yemas de huevo e incorpore poco a poco los ingredientes secos. Vierta la masa en un molde para brazo de gitano forrado y engrasado y hornee a 220 °C de 8 a 10 minutos. Pase el bizcocho, con la parte de la costra hacia arriba, sobre una rejilla y déjelo enfriar. Ponga ahora el bizcocho con la parte de la costra hacia abajo sobre una hoja de papel sulfurizado espolvoreado con azúcar refinado, quite el papel y corte dos discos utilizando un anillo metálico de 23 cm de diámetro.

Macere las frambuesas en el licor.

Prepare la *mousse*: ponga el azúcar y el agua en un cazo y lleve a ebullición. Retire del fuego y agregue la gelatina sin dejar de remover; vierta la mezcla sobre el chocolate y mezcle hasta obtener una pasta homogénea. Añada primero un tercio de crema de leche batida sin dejar de remover y después el resto.

Monte el pastel: coloque el anillo metálico sobre una base de cartón y ponga un disco de bizcocho en la base. Con una cuchara, cubra la mitad con la *mousse* y alise la superficie. Coloque el segundo disco de bizcocho sobre la *mousse* y presione. Escurra el licor de las frambuesas y añádalo al almíbar. Embeba el bizcocho con el almíbar y coloque encima una capa de frambuesas. Cúbrala con

el resto de la *mousse* y alise la superficie. Reserve en la nevera hasta que la *mousse* se solidifique, 1 hora. Caliente la parte exterior del anillo metálico con un soplete.

Levante con cuidado el anillo y pase el pastel a una fuente.

Prepare los lazos: derrita el chocolate de pastelero y extiéndalo sobre el dorso de una placa de hornear. Déjelo enfriar hasta que esté casi sólido y haga los lazos (*véase* recuadro, inferior). Póngalos alrededor del pastel, empezando por la base. Decore la parte superior rizando los lazos, trabajando desde el interior hacia el borde del pastel. Haga un pequeño abanico y colóquelo en el centro de los lazos rizados. Espolvoree con azúcar lustre.

Hacer los lazos

El chocolate de pastelero o pâte à glacer no contiene manteca de cacao y por lo tanto no hay que modificarlo. Las decoraciones que se hacen con este tipo de chocolate son muy flexibles y fáciles de modelar. Para hacer los lazos, utilice una rasqueta de pasta o papel para limpiar.

Restriegue la superficie de la lámina de chocolate con la palma de la mano para calentarla un poco y para hacerla más maleable.

Introduzca la rasqueta bajo la lámina de chocolate, cerca de la superficie, y llévela hacia delante. Deje que el extremo se curve y sujételo con los dedos.

Continúe empujando la rasqueta hacia delante hasta formar un lazo largo y ancho. Trabaje con rapidez y utilice el lazo inmediatamente.

POSTRES HELADOS

El helado casero tiene un sabor fresco que no igualan los helados comercializados. Fácil de hacer y moldear, con las técnicas que aquí explicamos, se pueden hacer postres con un toque profesional.

EL HELADO LLEGA A ESTADOS UNIDOS

Dolley Madison, esposa de James Madison, cuarto presidente de Estados Unidos (1809-1817), introdujo el helado en América. Eran famosos los helados que se servían en sus cenas y que se mantenían helados en neveros en el exterior.

Dolley Madison (1768–1849)

TRUCOS DE COCINERO

MOLDEAR HELADO
Las formas de helado graciosas son una manera sorprendente de servir el helado, especialmente si se mezclan diferentes colores.

Haga bolas con una cuchara para moldear helado y póngalas sin cubrir sobre una placa de hornear forrada y congélelas. Para servirlas, transfiéralas con una paleta a cuencos helados.

PREPARAR HELADO

El típico helado francés es una simple mezcla de natillas (crema inglesa) heladas con crema de leche batida. Los mejores resultados se obtienen con una heladora eléctrica, porque con el constante movimiento de las aspas se rompen los cristales de hielo. El aromatizante típico es la vainilla, pero también se pueden añadir 60 g de cacao en polvo o 200-300 ml de puré de frutas. La congelación disminuye el sabor de la preparación, por lo tanto, los ingredientes que se agreguen han de tener un sabor intenso —utilice purés de frutas concentrados.

CACAO EN POLVO

PURÉ DE FRUTA

VAINILLA

1 Enfríe 625 ml de crema inglesa (*véase* página 30) en un cuenco colocado sobre otro con cubitos de hielo. Remuévala frecuentemente mientras se enfría.

2 Congele las natillas frías en la heladora, 30 minutos. Agregue 250 ml de crema batida y congélela hasta que esté compacta, 20 minutos. Para 1,5 litros.

PREPARAR UN HELADO SEMIBLANDO

Los italianos preparan el semifreddo, un helado semicongelado de textura ligeramente blanda, añadiendo licor, el cual demora el proceso de congelación, a un puré de fruta, merengue desmenuzado y crema de leche.

1 Reduzca a puré 225 g de bayas en una batidora. Tamícelo para eliminar las semillas y añádale 3 cucharadas de licor.

2 Ponga el puré en un cuenco. Bata 300 ml de crema de leche espesa con 50 g de azúcar lustre y mézclelos con el puré y 115 g de merengue desmenuzado.

3 Congele la mezcla como mínimo 6 horas en un molde de 20 cm de diámetro forrado con papel sulfurizado. Vuelque el helado, quítele el papel y sírvalo.

PREPARAR *PARFAITS*

El nombre de estos sorprendentes postres, interpretación moderna de la clásica bomba, significa «perfecto» en francés. Para desmoldar los parfaits, envuelva un lienzo caliente alrededor de los anillos y sáquelos. Los parfaits de las fotografías se han decorado con toques de estilo profesional.

1 Hierva un almíbar de azúcar preparado con 100 g de azúcar y 2 cucharadas de agua al punto de bola blanda (*véase* página 38). Añádale 1 huevo y 5 yemas sin dejar de batir hasta que se espese.

2 Bata 500 ml de crema de leche espesa y agréguela a la mezcla de huevos. Forre con un collar de papel sulfurizado unos anillos metálicos de 8 cm de diámetro, sujetando el papel.

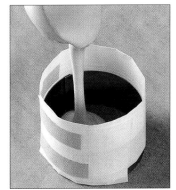

3 Ponga los moldes sobre una placa de hornear cubierta con papel sulfurizado; con un cucharón, llene los moldes con la mezcla del *parfait* y golpéelos para eliminar las bolsas de aire.

4 Alise la superficie con una espátula. Congele hasta que esté firme, 6 horas como mínimo.

SORBETES Y GRANIZADOS

Sus texturas heladas, sus brillantes colores y sus sabores puros hacen de sorbetes y granizados un refrescante final de cualquier comida. A continuación presentamos las técnicas para hacer sorbetes y granizados sencillos y formas de servirlos.

SORBETE DE ARÁNDANOS

175 g de azúcar refinado

165 ml de agua

500 ml de puré de arándanos tamizado

una pizca de pimienta negra

50 g de clara de huevo

Prepare un almíbar de azúcar (*véase* página 38) con 150 g de azúcar y 150 ml de agua. Retírelo del fuego y agregue el puré de arándanos y la pimienta sin dejar de remover. Déjelo enfriar y póngalo en la nevera durante 2 horas. Vierta la mezcla en una sorbetera y trabájela hasta que esté parcialmente congelada, 40 minutos. Mientras tanto, prepare el merengue italiano (*véase* página 34) con la clara de huevo y el almíbar caliente preparado con el resto del azúcar y el agua. Añádalo al sorbete y continúe batiéndolo en la máquina hasta que esté completamente congelado, 45 minutos. Para 1 litro aproximadamente.

AROMATIZANTES PARA SORBETES

Escoja entre los siguientes ingredientes de sabor fuerte que soportan bien la congelación.

• Purés de moras, grosella negra, frambuesas o fresas frescas.

• Puré de melocotón o de albaricoque fresco escalfado.

• Zumo de naranja, de limón o de lima o una mezcla de ellos.

• Pulpa de melón (las de sandía, cantalupo, *charentais* y *ogen* son especialmente buenas).

PREPARAR UN SORBETE A MÁQUINA

Si se utiliza una sorbetera eléctrica se acelera el proceso de congelación y se obtiene un helado de textura lisa y suave; sin embargo, el verdadero secreto para obtener un sorbete extra suave estriba en la adición del merengue italiano.

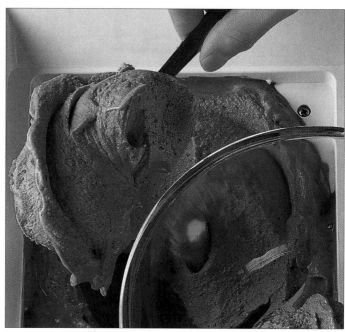

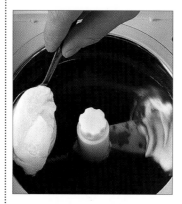

CUANDO EMPIECE A CONGELARSE
Cuando el sorbete esté parcialmente congelado, añada merengue italiano y acábelo de congelar.

AL FINAL
Al cabo de 1½ horas en la sorbetera, compruebe la consistencia del sorbete. Ha de estar compacto y homogéneo y no tener cristales de hielo. Póngalo en un recipiente y sírvalo o guárdelo en el congelador en un recipiente rígido.

PREPARAR UN SORBETE A MANO

El sorbete se hace perfectamente en una sorbetera, pero también puede quedar bastante bien a mano, si está dispuesto a dedicar algo de tiempo a batir la mezcla durante la congelación. Ésta es la única forma de romper los cristales de hielo y conseguir un sorbete bastante homogéneo —cuanto más lo bata más suave quedará. En general, se obtienen mejores resultados a mano si utiliza un puré de fruta en vez de zumo de fruta. Esto se debe a que el alto contenido de agua del zumo de fruta produce más cristales de hielo que el puré.

1 Mezcle el almíbar y el puré escogidos y congélelos parcialmente, unas 2 horas.

2 Bata el sorbete medio congelado con una batidora y vuélvalo a poner en el congelador. Bátalo hasta que esté congelado, 2 horas.

COPAS DE FRUTAS HELADAS

Para hacer frutas heladas se vacían las frutas frescas y se rellenan con un sorbete del mismo sabor. En este caso se ha empleado un limón, pero también puede utilizar una naranja. Utilice la pulpa para preparar el sorbete del relleno; se necesitan 3 o 4 cucharadas de sorbete para cada fruta. Si no va a servir las frutas el mismo día, póngalas una vez congeladas en bolsas de congelación.

1 Corte un sombrero en la parte superior de la fruta y una rodaja fina en su base para que se mantenga de pie. Extraiga la pulpa y ponga el contenedor en el congelador.

2 Con una cuchara, rellene la fruta con el sorbete hasta que éste sobresalga unos 2-4 cm del borde. Vuelva a poner la parte superior y reserve en el congelador hasta el momento de servir.

SORBETE ADORNADO CON MANGA PASTELERA

Sírvalo en copas altas congeladas. Decórelo por encima, con cáscara de cítrico confitada como aquí, para realzar su sabor.

Inserte una boquilla en forma de estrella en una manga pastelera; llénela de sorbete y póngalo en las copas.

GRANIZADO

La característica principal del granizado es su textura cristalina. En este caso, se ha preparado un granizado de café según la receta del recuadro de la derecha.

INCORPORAR EL ALMÍBAR
Para conseguir unos cristales de hielo brillantes, cuele el almíbar sobre la mezcla de café fría y remuévalo todo hasta que quede bien mezclado.

APLASTAR CON UN TENEDOR
Rompa los cristales de hielo aplastando el granizado varias veces con un tenedor durante el proceso de congelación para que adquiera su característica textura de aguanieve. Para servirlo, saque el granizado del cuenco con una cuchara.

GRANIZADO DE CAFÉ

200 g de azúcar refinado
450 ml de agua fría
50 g de café exprés instantáneo
450 ml de agua hirviendo

Prepare un almíbar de azúcar (*véase* página 38) con el azúcar y el agua fría; déjelo enfriar. Disuelva el café exprés en agua hirviendo y déjelo enfriar. Cuele el almíbar frío y mézclelo bien con el café. Congele durante 4 horas como mínimo o hasta que esté compacto. Durante ese período, aplaste la mezcla con un tenedor cuantas más veces mejor. Para 6-8 personas.

QUÉ QUIERE DECIR...

SHERBET: el *sherbet* es la versión occidental del *sharbat*, una bebida helada originaria de Persia. Se añade almíbar de frutas al hielo picado y después se le agrega agua con gas. Los *sherbets* modernos suelen ser helados de frutas ligeros hechos con leche, lo que le da una textura cremosa pero sin la suntuosidad del helado.

SORBETE: un sorbete es un helado de agua de textura suave elaborado con un almíbar de azúcar más zumo de fruta o puré de fruta y mezclado con merengue italiano o con claras de huevo batidas. A veces también se le añade licor para darle más sabor. Los sorbetes se suelen comer como postres, pero a veces también se sirven como «refresco» entre platos para limpiar el paladar.

SPOOM: en este caso, se agrega el merengue a un *sherbet* de vino o cava y el resultado es un helado espumoso y dulce. El *spoom* tarda más en congelarse que el *sherbet* porque contiene alcohol. Existe una variante antigua del *spoom* denominada *shrub*.

ÍNDICE